Tercer Ojo

Su guía para el despertar del tercer ojo y el desarrollo psíquico

© Copyright 2020

Todos los derechos reservados. Ninguna parte de este libro puede ser reproducida de ninguna forma sin el permiso escrito del autor. Los revisores pueden citar breves pasajes en las reseñas.

Descargo de responsabilidad: Ninguna parte de esta publicación puede ser reproducida o transmitida de ninguna forma o por ningún medio, mecánico o electrónico, incluyendo fotocopias o grabaciones, o por ningún sistema de almacenamiento y recuperación de información, o transmitida por correo electrónico sin permiso escrito del editor.

Si bien se ha hecho todo lo posible por verificar la información proporcionada en esta publicación, ni el autor ni el editor asumen responsabilidad alguna por los errores, omisiones o interpretaciones contrarias al tema aquí tratado.

Este libro es solo para fines de entretenimiento. Las opiniones expresadas son únicamente las del autor y no deben tomarse como instrucciones u órdenes de expertos. El lector es responsable de sus propias acciones.

La adhesión a todas las leyes y regulaciones aplicables, incluyendo las leyes internacionales, federales, estatales y locales que rigen la concesión de licencias profesionales, las prácticas comerciales, la publicidad y todos los demás aspectos de la realización de negocios en los EE. UU., Canadá, Reino Unido o cualquier otra jurisdicción es responsabilidad exclusiva del comprador o del lector.

Ni el autor ni el editor asumen responsabilidad alguna en nombre del comprador o lector de estos materiales. Cualquier desaire percibido de cualquier individuo u organización es puramente involuntario.

Your Free Gift (only available for a limited time)

Thanks for getting this book! If you want to learn more about various spirituality topics, then join Mari Silva's community and get a free guided meditation MP3 for awakening your third eye. This guided meditation mp3 is designed to open and strengthen ones third eye so you can experience a higher state of consciousness. Simply visit the link below the image to get started.

https://spiritualityspot.com/meditation

Tabla de contenido

PRIMA PARTE: DESPERTAR DEL TERCER OJO 1
UNA GUÍA ESENCIAL PARA ABRIR EL CHAKRA DEL TERCER OJO, EXPERIMENTAR UNA CONCIENCIA SUPERIOR, VISIONES PSÍQUICAS Y CLARIVIDENCIA Y CONSEJOS PARA EQUILIBRAR LOS CHAKRAS 1
INTRODUCCIÓN 2
CAPÍTULO UNO: COMPRENSIÓN DEL CHAKRA DEL TERCER OJO 8
CAPÍTULO DOS: LA GLÁNDULA PINEAL: LA CIENCIA DETRÁS DEL CHAKRA DEL TERCER OJO 17
CAPÍTULO TRES: ESTABLECIENDO EL TRABAJO DE BASE: EJERCICIOS PARA ABRIR EL TERCER OJO 28
CAPÍTULO CUATRO: MEDITACIÓN: LA PIEDRA ANGULAR DEL DESPERTAR DEL TERCER OJO 44
CAPÍTULO CINCO: EL CHAKRA DEL TERCER OJO Y LA VIDA COTIDIANA: CÓMO NUTRIR EL TERCER OJO 53
CAPÍTULO SEIS: EQUILIBRANDO LOS SIETE CHAKRAS 66
CAPÍTULO SIETE: CÓMO LEER LAS AURAS 77
CAPÍTULO OCHO: VISIONES PSÍQUICAS Y CLARIVIDENCIA 91
CAPÍTULO NUEVE: CONSEJOS Y RECOMENDACIONES GENERALES 99
CAPÍTULO DIEZ: PONIENDO TODO JUNTO 109
CONCLUSIÓN 118
SEGUNDA PARTE: PSÍQUICO 120

UNA GUÍA DE DESARROLLO PSÍQUICO PARA APROVECHAR SU HABILIDAD PARA LA TELEPATÍA, LA INTUICIÓN, LA LECTURA DEL AURA, LA CLARIVIDENCIA, LA SANACIÓN Y LA COMUNICACIÓN CON SUS GUÍAS ESPIRITUALES 120

INTRODUCCIÓN 121

CAPÍTULO 1: EL PSÍQUICO: ¿QUÉ SIGNIFICA SER PSÍQUICO? 123

CAPÍTULO 2: MEDITACIÓN: EL PRIMER PASO 134

CAPÍTULO 3: INTUICIÓN 146

CAPÍTULO 4: LAS CLARIS: CLARIVIDENCIA, CLARIAUDIENCIA, CLARIGUSTO, CLARICONSCIENCIA Y CLARISENTENCIA 158

CAPÍTULO 5: TELEPATÍA 171

CAPÍTULO 6: MEDIUMNIDAD 181

CAPÍTULO 7: PSICOMETRÍA 191

CAPÍTULO 8: LECTURA DE AURA 199

CAPÍTULO 9: SANANDO 211

CAPÍTULO 10: CONTACTARSE Y COMUNICARSE CON SUS GUÍAS ESPIRITUALES 219

CONCLUSIÓN 230

YOUR FREE GIFT (ONLY AVAILABLE FOR A LIMITED TIME) 231

FUENTES 232

Prima Parte: Despertar del tercer ojo

Una guía esencial para abrir el chakra del tercer ojo, experimentar una conciencia superior, visiones psíquicas y clarividencia y consejos para equilibrar los chakras

Introducción

Hay una mina de oro sin explotar que existe dentro de todos y cada uno de nosotros, un tremendo tesoro que desafía la imaginación. Aquellos que eligen aprovecharlo experimentan una asombrosa transformación de por vida. Esta clase única de personas llega a darse cuenta de que la profunda sabiduría, el bienestar mental y emocional, y la felicidad duradera no son alcanzables a través del mundo exterior, sino a través de una fuerza interna que reside dentro de nosotros. Esta es la fuerza de los centros de energía conocidos como chakras y, específicamente, el chakra del tercer ojo.

Para liberar esta energía interna, debemos despertar y potenciar el chakra del tercer ojo, también llamado "el ojo de la sabiduría", el "ojo de la mente" o el "ojo interno". En la mayoría de las personas, el tercer ojo está inactivo y permanece inactivo durante toda su vida a menos que voluntariamente tome medidas para abrirlo.

Una vez que haya aprendido a despertar su tercer ojo, se dará cuenta de que ha estado pasando por la vida medio ciego. Verá y experimentará la vida a través de una perspectiva radicalmente diferente.

Esto no es de ninguna manera un nuevo descubrimiento, aunque es relativamente nuevo para la cultura occidental, que sigue considerando las prácticas espirituales con mucho escepticismo. Pero hace siglos, el concepto del despertar del tercer ojo ya se practicaba en numerosas civilizaciones de todo el mundo. Aprovechar los poderes del chakra del tercer ojo era el objetivo de muchas prácticas espirituales en las antiguas tradiciones egipcias, mayas e hindúes, así como en el budismo, el hinduismo y el taoísmo.

Lamentablemente, este concepto, junto con la espiritualidad en general, nunca ha ganado una gran popularidad en Occidente. Tendemos a ser escépticos de lo místico y lo intangible, condicionados como estamos a aceptar solo lo que la ciencia nos dice sobre el mundo físico. Lo invisible es relegado como "irreal". Y, sin embargo, la gravedad es una fuerza invisible que literalmente mantiene el universo unido y evita que la tierra se precipite por el espacio. La ciencia ha demostrado esto sin duda alguna. La electricidad es una fuerza invisible que ha revolucionado el mundo moderno.

De la misma manera, los chakras son centros energéticos invisibles en nuestro cuerpo que regulan muchas de nuestras funciones físicas y mentales. Si se aprovecha su poder, puede armonizar y equilibrar nuestros cuerpos y mentes.

¿Por qué deberíamos despertar nuestro chakra del tercer ojo?

Despertar el chakra del tercer ojo o alcanzar la iluminación ha sido por mucho tiempo la búsqueda de muchas escuelas espirituales. Podríamos argumentar que es más relevante hoy en día que nunca antes. Tómese un momento para reflexionar sobre su vida: ¿está realmente feliz y realizado? ¿Está en paz consigo mismo? ¿Usted siente que está viviendo de acuerdo a su mejor y más alto propósito?

Nueve de cada diez veces, la respuesta es no. Es irónico que tengamos innumerables comodidades y lujos al alcance de la mano, y, sin embargo, nuestras vidas parecen ser más agitadas y complicadas. Todas las asombrosas tecnologías y aparatos diseñados para hacer nuestras vidas más fáciles son geniales, así que, ¿por qué tantos de nosotros estamos tan estresados y agotados? Estamos bajo constante presión para competir, para ser "súper" padres, grandes parejas y cónyuges, personas con carreras exitosas y de alto rendimiento. Creemos que cuando hayamos alcanzado estos objetivos, seremos felices.

Irónicamente, nuestro estilo de vida moderno nos crea más preocupación y ansiedad. Nos preocupamos por el futuro, nos preocupamos por nuestras finanzas, y tememos perder nuestros trabajos o posesiones y la lista continúa. El estrés se ha convertido en la norma en nuestra cultura materialista loca y consumista.

Aquí es donde el despertar del chakra del tercer ojo puede cambiar su vida: le permitirá crear un refugio de calma dentro de sí mismo donde la locura del mundo exterior nunca pueda alcanzarle. Ganará la sabiduría para entender que la carrera de ratas sin sentido no es su verdadera vocación. Usted ganará más claridad, conocimiento, y se centrará en lo que es realmente significativo, y comenzará a comportarse en consecuencia. En resumen, ¡se convertirá en su mejor yo posible!

¿Qué es exactamente el tercer ojo? Se ha descrito como una puerta de entrada a los reinos no físicos de la conciencia interior, la sabiduría interior y los dones espirituales. En la antigua tradición india se le llamaba "el ojo del conocimiento". No se trata de un conocimiento obtenido de la experiencia y el aprendizaje en el mundo físico. Puede describirse mejor como un despertar de la propia perspicacia e intuición que trae la sabiduría divina y desata asombrosas habilidades psíquicas.

Despertar el chakra del tercer ojo no es una falsa teoría mística. No es una filosofía abstracta. Hay pasos muy reales y concretos que puede tomar para nutrir y revivir este centro de energía que ha permanecido inactivo dentro de usted durante años. De hecho, muchos de nosotros experimentamos cortos estallidos de despertar del tercer ojo sin darnos cuenta de lo que son. Es esa sensación visceral que se tiene sobre alguien o algo que resulta ser 100% correcta. Es esa sensación de déjà vu en la que usted piensa, "He tenido esta misma conversación con esta misma persona antes, pero acabamos de conocernos. ¿Cómo es posible?". Podría ser un sueño sobre alguien con quien no ha hablado en años, y unos días después, esa persona le llama.

Todos hemos tenido esas experiencias en las que el tercer ojo se abre por un momento, y luego se cierra de nuevo. Estas experiencias son una muestra de lo que puede esperarse que se experimente cuando se despierta completamente y se alinea el chakra del tercer ojo.

¿Qué es lo que ofrece este libro?

Este libro le mostrará cómo comenzar su viaje hacia la paz interior y la conciencia superior abriendo su chakra del tercer ojo. Si usted es un completo principiante que elige despertar su ojo interno, o tiene alguna experiencia en la espiritualidad, pero quiere aprender más, o simplemente es curioso, este libro le dará algunos buenos aportes.

Lo que este libro *no hará* es ahondar en confusas teorías espirituales o perder el tiempo con tópicos vacíos. Esta es una guía comprensiva llena de técnicas prácticas, ejercicios y consejos para el despertar de su chakra del tercer ojo. Lo preparará para qué esperar, cómo entender los mensajes de su tercer ojo, y cómo cultivar los dones de la lectura del aura, las visiones psíquicas y la clarividencia. Este libro también ofrece consejos prácticos sobre cómo hacer que estas prácticas formen parte de su vida cotidiana, así como algunas precauciones que debe tener en cuenta o sobre las que puede necesitar asesoramiento.

El objetivo es ayudarlo a descubrir sus extraordinarios dones, incluyendo cómo hacerlo:

- Acceder y despertar su chakra del tercer ojo.
- Alimentar y equilibrar su tercer ojo una vez que se abre.
- Mejorar su intuición y perspicacia.
- Aprovechar las habilidades psíquicas que nunca imaginó tener, incluyendo la clarividencia y la lectura del aura.
- Vivir con atención.
- Alcanzar el equilibrio emocional y conquistar las emociones negativas.
- Desarrollar relaciones más profundas con los demás, ¡y consigo mismo!
- Convertirse en una persona de mente abierta y tolerante.
- Reducir el estrés y la ansiedad.
- Deshacerse de la energía negativa y aumentar los niveles de energía.
- Aumentar su concentración y desarrollar un propósito.

¿Qué es lo que usted ganará?

Despertar el chakra del tercer ojo le permite acceder a niveles de pensamiento y conciencia fuera de los cinco sentidos. Usted desarrollará su "sexto sentido", de una manera que le permitirá experimentar otros reinos de su conciencia que han sido ignorados. La riqueza de la sabiduría que existe en este reino no solo enriquecerá su vida, sino que la transformará.

¿Suena demasiado disparatado? Bueno, la física cuántica nos dice que existen otros reinos o "dimensiones". Esto es lo que descubrieron las antiguas tradiciones, ahora confirmadas por la ciencia moderna, y, con suerte, ¡lo que usted mismo experimentará!

¿Qué más puede ganar desarrollando este sexto sentido? Para enumerar todos los beneficios se requiere un libro entero en sí mismo. Basta con decir que su vida, y su perspectiva de la vida, cambiará para siempre. Usted tendrá un vistazo de cómo esto ocurrirá a medida que continúe leyendo este libro.

Finalmente, este es un libro sobre la espiritualidad "accionable" y las técnicas aplicables (con la ciencia y la investigación para respaldarlas). Básicamente, el despertar del chakra del tercer ojo es una habilidad que puede ser aprendida, desarrollada y dominada. La diferencia es que la forma de dominar esta habilidad es principalmente a través de métodos espirituales. La meditación, la visualización y las técnicas de conciencia jugarán un papel importante en su entrenamiento.

Si usted piensa que el desarrollo de todas estas maravillosas cualidades requiere un esfuerzo sobrehumano o habilidades especiales, prepárese para ser sorprendido. Cualquiera puede aprender a despertar su chakra del tercer ojo, incluso los niños, si se les entrena para hacerlo en una etapa temprana de la vida. De hecho, si tiene hijos, puede considerar hacer precisamente eso. Muchas de las técnicas discutidas aquí pueden ser simplificadas para adaptarse a un niño. Despertar el chakra del tercer ojo no requiere nada más que compromiso y práctica de su parte. Este libro lo guiará a través del resto. Ahora, ¡comencemos el viaje!

Capítulo uno: Comprensión del chakra del tercer ojo

Tiene sentido que antes de saltar al trabajo práctico, usted debe armarse con algún conocimiento básico sobre el chakra del tercer ojo y lo que implica el despertar. Este capítulo le proporcionará una visión general del chakra del tercer ojo y los conocimientos básicos que necesita saber antes de comenzar este viaje de cambio de vida.

¿Qué son los chakras?

Chakra es la palabra sánscrita para "rueda", a veces también se traduce como "rueda de la luz". Por eso, en la mayoría de los diagramas y dibujos, verá los chakras representados como círculos de color o discos giratorios. En las tradiciones antiguas, se pensaba que estos vórtices de energía no físicos eran la fuente de la energía vital.

Los chakras son esencialmente los centros de energía de nuestro cuerpo. Su función es distribuir el prana (energía vital o energía cósmica) en un flujo constante para equilibrar y armonizar la mente, el cuerpo y el espíritu para una salud y un bienestar óptimos. El sistema de chakras distribuye esta energía cósmica a varias áreas de nuestro cuerpo a través de vías llamadas meridianos.

Orígenes del sistema de chakras

La primera mención registrada del sistema de chakras se encuentra en los Vedas, una colección de antiguos textos indios, escritos en algún lugar alrededor del 1500-500 a. C. El sistema de chakras está estrechamente interconectado con la práctica del yoga.

La primera descripción práctica de cómo activar y equilibrar los chakras fue escrita en el siglo XVI por Swami Purananda. El sexto capítulo de su libro *Shri-Tattva-Chintamani* describe el sistema de chakras, las funciones y asociaciones de cada chakra y cómo equilibrarlos y alinearlos. Esta obra fue traducida y publicada en 1919 bajo el título *El poder de la serpiente* por Arthur Avalon. Esta es una lectura bastante simple e informativa para cualquiera que busque un conocimiento más profundo sobre el sistema de chakras.

Los siete chakras

Hay siete chakras principales que recorren el cuerpo a lo largo de la columna vertebral, cada uno de ellos con un color y función diferentes. Cada chakra vibra a un nivel de energía específico y por eso se asocian con ciertos colores o notas musicales que resuenan mejor con cada chakra para aumentar su energía. Cada chakra también está asociado con una glándula específica. El siguiente cuadro proporciona un desglose básico:

CHAKRA	UBICACIÓN	COLOR	GLÁNDULA RELACIONADA	FUNCIÓN
Chakra Raíz	La base de la columna vertebral	Rojo	Gónadas	Sentido del olfato, vitalidad, dinero y comida
Chakra Sacro	Debajo del ombligo	Naranja	Sistema linfático	Reproducción, sexualidad, deseo, alegría
Chakra del Plexo Solar	El abdomen superior	Amarillo	Glándulas suprarrenales	El éxito profesional y el progreso personal
Chakra del corazón	Centro del pecho	Verde	Timo	Relaciones
Chakra de la garganta	Garganta	Azul	Tiroides	Comunicación, empatía
Chakra del tercer ojo	La frente entre las cejas	Índigo	Pineal	La intuición, la conciencia superior
Chakra de la Corona	La parte superior de la cabeza	Violeta	Pituitaria	Mayor conciencia, trascendencia

Los siete chakras son responsables de regular los circuitos de energía que fluyen a través y alrededor del cuerpo. La glándula asociada a cada chakra está a su vez relacionada con un órgano u órganos específicos. Cuando experimentamos problemas de salud o problemas emocionales, la causa más probable es que el chakra relacionado con ese órgano esté bloqueado o desequilibrado. El desbloqueo del chakra relacionado creará un flujo sostenido y armonioso hacia los órganos afectados y promoverá la curación.

CHAKRA	ÓRGANOS RELACIONADOS
Chakra Raíz	Riñones, columna vertebral, testículos
Chakra Sacro	Vejiga, próstata, ovarios, bazo, vesícula biliar, riñones
Chakra del Plexo Solar	La parte superior de la columna vertebral, estómago, vejiga, intestinos, páncreas, hígado
Chakra del corazón	Pulmones, corazón
Chakra de la garganta	Cuerdas vocales, bronquios, tracto respiratorio, esófago, boca y lengua
Chakra del tercer ojo	Ojos, cerebro, pituitaria y glándulas pineales
Chakra de la Corona	Tallo cerebral y médula espinal completa

Discutiremos las funciones de cada chakra con más detalle, así como la forma de equilibrar todo el sistema de chakras en un capítulo posterior.

Una visión general del chakra del tercer ojo

El chakra del tercer ojo se encuentra en el centro de la frente entre las cejas. Probablemente han visto dibujos o estatuas de antiguas deidades hindúes como Shiva y Buda con el tercer ojo representado en esta zona.

El significado exacto y la función del tercer ojo difiere ligeramente dentro de las tradiciones antiguas, pero todas las filosofías principales reconocieron su importancia como fuente suprema de conocimiento e iluminación.

El tercer ojo en el budismo

Los budistas definen el tercer ojo como "el ojo de la conciencia". Se anima a los seguidores a trabajar en el despertar del tercer ojo para ver el mundo a través de la conciencia más profunda de la mente, en lugar de a través de la visión y la experiencia física.

El Tercer Ojo en el taoísmo

Varias escuelas de la filosofía china, así como la Escuela Zen japonesa, creen que el despertar del tercer ojo permite sintonizar con la vibración del cosmos. Esto le permite a uno obtener una mayor sabiduría, un profundo conocimiento interior, y la capacidad de vivir en armonía con todas las cosas.

El Tercer Ojo en el hinduismo

Shiva, el más importante de los dioses hindúes, siempre es representado con el tercer ojo en el medio de su frente. Simboliza su gran sabiduría y habilidad para ver más allá del reino físico. He aquí un hecho divertido: Shiva también es llamado "Shiva el destructor". Se cree que su tercer ojo es tan poderoso que cuando lo abre, se destruye toda la dualidad e ilusión del universo.

El Tercer Ojo en el Antiguo Egipto

El tercer ojo era conocido por los antiguos egipcios y reconocido por sus propiedades místicas. Está representado en los antiguos textos egipcios como "el ojo de Horus". Estas representaciones del tercer ojo del antiguo Egipto se asemejaban más a la glándula pineal. Curiosamente, la glándula pineal está estrechamente relacionada con el chakra del tercer ojo y algunos creen que es el tercer ojo en sí mismo. Curiosamente, la investigación científica puede ser capaz de confirmar esto en un futuro próximo.

Datos básicos sobre el chakra del tercer ojo

- Se asocia con el color índigo, que tradicionalmente se cree que es el color de la sabiduría. El índigo también se asocia con la noche, cuando muchos de nuestros sentidos se vuelven más agudos y precisos. Es por eso que el chakra del tercer ojo también está relacionado con la percepción sensorial. Al abrir el tercer ojo, se experimenta una mayor agudeza auditiva, visual y olfativa. Usted aprenderá a utilizar el color índigo y sus derivados de diversas maneras para elevar la vibración de su chakra del tercer ojo.

Comenzará a experimentar momentos de profunda perspicacia y claridad.

- En la escala musical, se cree que el chakra del tercer ojo resuena con la nota A.
- Está asociado con el metal plateado y el planeta Júpiter.
- Está asociado con la apertura de la mente a una conciencia superior, el desarrollo espiritual, la intuición profunda y las habilidades psíquicas.
- En el nivel físico, se asocia con el ritmo circadiano, que regula el ciclo sueño-vigilia.
- Está ligado a la glándula pineal, y cualquier desequilibrio de esta glándula afectará directamente a la salud del tercer ojo (analizaremos la importancia de esta misteriosa glándula en el próximo capítulo).
- El chakra del tercer ojo también determina cómo " ve" o percibe el mundo y las personas en su vida, y cómo reacciona al cambio.

¿Por qué equilibrar el chakra del tercer ojo?

Equilibrar el chakra del tercer ojo significa simplemente abrir las obstrucciones o "bloqueos" para permitir la circulación de la energía del chakra por todo el cuerpo.

Cuando el chakra del tercer ojo está óptimamente equilibrado, usted experimentará una sensación de calma y tranquilidad. Usted ganará una sensación de abundancia y gratitud por todo lo que tiene. Se sentirá más ligero, tanto física como mentalmente, y más en armonía con el mundo. En un nivel más profundo, a medida que su tercer ojo se expande, también comenzará a experimentar visiones de lo que se encuentra más allá del reino físico.

Las principales causas de los bloqueos en el chakra del tercer ojo son nuestras ilusiones y percepciones erróneas sobre nosotros mismos y el mundo que nos rodea. Esto bloquea la intuición y la guía interna que nos permite ver a través de estas ilusiones y conceptos erróneos.

Síntomas de un bloqueo del chakra del tercer ojo

Hay ciertos signos y síntomas que pueden ayudarle a reconocer cuando su chakra del tercer ojo está bloqueado o desequilibrado, lo cual es muy probable. Si usted reconoce tres o más de estos signos en sí mismo, entonces es hora de empezar a trabajar en su chakra del tercer ojo:

- Falta de motivación.
- Dificultad para sentirse inspirado o creativo.
- Sentirse cínico y escéptico e incapaz de ver el propósito o el significado de la vida.
- Visión o memoria deficiente.
- Obstinación y rigidez en el pensamiento, a veces incluso intolerancia.
- Miedo y desconfianza en su intuición.
- Falta de perspicacia.
- Dificultad para tomar decisiones.
- Dificultad para establecer objetivos.
- Miedo a expresar emociones.
- Tendencia a pensar demasiado.
- Miedo al futuro e incapacidad para ver el futuro o planificarlo.

Es fácil ver cómo todos estos síntomas están de hecho relacionados con ilusiones, conceptos erróneos y miedos irracionales. Despertar el chakra del tercer ojo le dará la claridad y el propósito de superar sus ilusiones.

Qué esperar cuando se abre el chakra del tercer ojo

El despertar del chakra del tercer ojo puede provocar muchos cambios, que pueden diferir de una persona a otra, dependiendo de la gravedad de la obstrucción. No existe un punto de referencia específico con el que medir su progreso; usted se conoce mejor a sí mismo y, por lo tanto, podrá sentir y ver estos cambios cuando se produzcan.

Dicho esto, los cambios más comunes son la paz y la tranquilidad interior, una mayor empatía con los demás, un sentido de propósito y la armonía con el universo. Los cambios más dramáticos incluyen habilidades psíquicas o dones espirituales.

Precauciones a tener en mente

Aunque esto es raro, es posible que el chakra del tercer ojo se sobreestimule. Si esto ocurre, puede ser fácilmente puesto en equilibrio. Es útil poder reconocer algunos de los signos y síntomas relacionados con un chakra del tercer ojo sobreestimulado: su percepción puede aumentar demasiado, de modo que percibe las cosas de manera inflada o exagerada.

Los colores tranquilizantes de la lavanda, el púrpura y el lila son excelentes para equilibrar un chakra del tercer ojo demasiado activo. Esto se puede hacer a través del uso de cristales, un péndulo del chakra, o usando joyas con piedras de estos colores. Incluso un baño relajante con unas pocas gotas de aceite esencial de lavanda puede ayudar a restaurar el equilibrio. Meditar sobre el color púrpura es otra gran técnica.

Cuando su tercer ojo comience a abrirse, es probable que tenga algunas experiencias psíquicas. Es importante que usted no se obsesione con estas experiencias o espere que ocurran todo el tiempo. Las experiencias psíquicas no son la norma, ni deben ser su objetivo final.

Aprenda a aceptar las experiencias psíquicas y a abrazarlas cuando ocurren, pero no se obsesione con ellas cuando no ocurran.

Conclusión

Esperemos que este capítulo le haya dado una base sobre el sistema de chakras y las funciones del chakra del tercer ojo.

No es difícil entender por qué es importante despertar y equilibrar este chakra para mejorar el equilibrio y la armonía en su vida, para estar en sintonía con su interior y para mejorar su bienestar general.

En sánscrito, el chakra del tercer ojo también se llama "Ajna", que significa "percibir" o "más allá de la sabiduría". Liberar la energía de este chakra no solo nos ayuda a percibir nuestras vidas más claramente y sin ilusión, sino a acceder a reinos más allá de este mundo que de hecho nos llevarán más allá de la propia sabiduría.

Capítulo dos: La glándula pineal: La ciencia detrás del chakra del tercer ojo

Desde la prehistoria, casi todas las tradiciones religiosas han sido conscientes del tercer ojo. A menudo se representa en imágenes y escritos, a veces en forma de piña, para simbolizar la glándula pineal.

Ninguna discusión sobre el chakra del tercer ojo puede ser verdaderamente significativa sin ilustrar su relación con la glándula pineal. La glándula pineal es la glándula directamente asociada con el chakra del tercer ojo, pero a diferencia de los otros chakras, la interdependencia aquí es más pronunciada y, de hecho, algo inquietante.

Para comprender plenamente cómo despertar y nutrir el chakra del tercer ojo, debemos entender esta conexión vital y misteriosa. La salud óptima del chakra del tercer ojo está directamente relacionada con el funcionamiento óptimo de su correspondiente glándula y viceversa.

Es importante señalar que mientras que los chakras son centros invisibles de energía, sus correspondientes órganos y glándulas son físicos y tangibles. Por lo tanto, los problemas con una glándula en particular pueden causar bloqueos en el chakra correspondiente. Esto es especialmente cierto en la relación entre el chakra del tercer ojo y la glándula pineal.

¿Qué es la glándula pineal?

La glándula pineal ha permanecido como un enigma y ha sido objeto de controversia durante años. En la antigüedad, era considerada como "una glándula misteriosa", y abundaban las teorías sobre sus poderes místicos. Por esta razón, a veces se la llamaba "el ojo de la pineal".

La glándula pineal es una pequeña glándula gris rojiza con forma de piña, de la que deriva su nombre. Fue representada por primera vez como el símbolo de una piña por los sumerios. Este símbolo de la piña puede verse en el arte de muchas culturas antiguas, lo que sugiere que tenía una gran importancia.

La glándula pineal mide aproximadamente un tercio de pulgada de largo y pertenece al sistema endocrino (el sistema de glándulas productoras de hormonas necesarias para varias funciones corporales). Está situada en el mesencéfalo; está incrustada en la hendidura entre los hemisferios izquierdo y derecho.

Durante mucho tiempo, la glándula pineal fue considerada como un órgano vestigial sin importancia que no merecía ser investigado en profundidad. Incluso hoy en día, la ciencia no ha descubierto plenamente todas sus funciones, pero lo que se sabe hasta ahora significa su importancia vital en la regulación de varias funciones corporales.

La función de la glándula pineal

- Su principal función es la producción de la hormona melatonina. La melatonina regula el ritmo circadiano del cuerpo (ciclo sueño-vigilia).
- La melatonina promueve el desarrollo sexual en ambos sexos.

- Induce el sueño.
- Conecta el sistema nervioso con el sistema endocrino convirtiendo las señales neurales en secreción hormonal.
- Ayuda a regular las funciones del sistema inmunológico.
- La melatonina regula el estado de ánimo y nos ayuda a adaptarnos a los cambios. Juega un papel importante en nuestra felicidad y satisfacción.
- Interactúa con muchos otros órganos, así como con la sangre.
- Los estudios indican que la melatonina secretada por la glándula pineal puede afectar a la salud cardiovascular y a la presión sanguínea, pero se necesita más investigación.
- Otros estudios indican que la glándula pineal puede desempeñar un papel en la regulación de las hormonas femeninas y podría estar vinculada a los ciclos menstruales irregulares y la fertilidad. Una vez más, se necesitan más investigaciones para confirmar esto.

La glándula pineal y el tercer ojo

La glándula pineal a veces era considerada como el tercer ojo en sí mismo, tal vez debido a su ubicación en lo profundo del centro del cerebro.

El filósofo francés René Descartes estaba tan fascinado con la enigmática glándula pineal que escribió extensamente sobre ella, llamándola "el asiento del alma" y el área donde se forman todos los pensamientos. La glándula también era conocida por los antiguos griegos, que compartían la opinión de Descartes de que era el centro del pensamiento.

Aunque estas opiniones han sido completamente descartadas por la ciencia, sorprendentemente, investigaciones recientes pueden confirmar que Descartes y los griegos tenían razón. Un estudio revolucionario ha reportado una conexión entre la glándula pineal y un compuesto llamado dimetiltriptamina (DMT). Esta sustancia se encuentra de forma natural en muchos tipos de plantas y tiene propiedades psicodélicas. Se sabe que causa visiones psíquicas y percepciones profundamente elevadas y vívidas.

El psiquiatra clínico Dr. Rick Strassman ha hecho una extensa investigación sobre el DMT, después de haber sido comisionado por el gobierno de los Estados Unidos para hacer una investigación sobre drogas psicodélicas.

Durante sus extensos estudios sobre sustancias psicodélicas naturales, incluyendo el DMT, el Dr. Strassman hizo el sorprendente descubrimiento de que la glándula pineal también secreta la sustancia en ciertas situaciones.

En su libro DMT: *La molécula del espíritu*, detalla todos sus descubrimientos verdaderamente innovadores. Su teoría es que la DMT secretada por la glándula pineal permite que la fuerza de la vida pase a esta vida desde otro reino (durante el nacimiento). También permite la transición de la fuerza vital de esta vida a la siguiente dimensión (al morir). Strassman afirma que el DMT es liberado en la glándula pineal durante situaciones extremadamente estresantes y traumáticas, como el nacimiento y la muerte.

Strassman describe la glándula pineal como "el intermediario entre lo físico y lo espiritual". En otras palabras, la glándula pineal tiene un propósito muy similar al chakra del tercer ojo.

No hace falta decir que el estudio del Dr. Strassman ha causado un inmenso entusiasmo y debate. Se están realizando muchos estudios para descubrir la historia completa de la pequeña y enigmática glándula pineal.

La prolongadamente ignorada glándula pineal, como el chakra del tercer ojo, puede ser la puerta de entrada a experiencias psíquicas y otros reinos. Descartes y los griegos no estaban tan lejos de la base después de todo. La glándula pineal y su chakra del tercer ojo asociado puede ser el asiento del alma.

Mientras tanto, todavía se sabe muy poco sobre la glándula pineal y su completo espectro de funciones, aparte de su secreción de melatonina. Esperemos y veamos qué más nos dicen las investigaciones en el futuro.

Diez hechos fascinantes sobre la glándula pineal

Muchas escuelas espirituales creen que la glándula pineal es el tercer ojo. Aquí hay algunos hechos que pueden confirmar esto:

1. La glándula pineal deja de crecer entre uno y dos años de edad. A partir de la pubertad, comienza a aumentar ligeramente de peso.
2. Contiene un pigmento similar al que se encuentra en los ojos.
3. Recibe su nombre del latín "pinea" que se traduce como "piña".
4. Cuando se abre, parece muy similar a un ojo.
5. Contiene receptores de luz que se cree que son responsables de la visión interna o percepción.
6. A diferencia de otras partes del cerebro, no está aislado por la barrera hematoencefálica y recibe un flujo de sangre directo y abundante. El único otro órgano del cuerpo que tiene la misma función es el riñón.
7. Parece estar relacionado con experiencias cercanas a la muerte, visiones y, cuando se estimula en exceso, con alucinaciones.
8. Muchos científicos consideran que es una especie de ojo.
9. En 1886, los anatomistas descubrieron que la glándula pineal contiene en realidad células de la retina, células pigmentarias y una respuesta directa a la luz, al igual que un ojo físico.
10. Los textos y dibujos antiguos de casi todas las culturas del mundo lo consideraban como un tercer ojo.

Calcificación de la glándula pineal

El calcio, el flúor y el fósforo pueden acumularse en la glándula pineal con el tiempo. Estos depósitos causan lo que se conoce como "calcificación". Una glándula pineal calcificada puede ser fácilmente diagnosticada con rayos X normales.

La calcificación de la glándula pineal es más probable que ocurra cuando el tercer ojo está inactivo, lo que significa que la mayoría de las personas hoy en día tienen algún grado de calcificación en la glándula pineal. El despertar y la actividad del chakra del tercer ojo mantienen la glándula pineal sana, y es la mejor manera de prevenir la calcificación.

La calcificación se produce básicamente cuando una cresta dura y sólida se acumula alrededor de la glándula pineal, bloqueando eficazmente la puerta a otros reinos. También puede causar otros problemas físicos, si se ignora. Los estudios han demostrado que una glándula pineal calcificada puede causar los siguientes síntomas y trastornos:

- Producción lenta de melatonina, que puede causar estragos en el ciclo de sueño del cuerpo y el ritmo circadiano.
- Una tiroides lenta o letárgica, que tiene su propio conjunto de problemas físicos.
- La baja producción de melatonina puede provocar cambios de humor e incluso trastornos mentales.
- Mala circulación de la sangre.
- Aumento de peso y a veces obesidad.
- Trastornos renales.
- Trastornos digestivos.
- Confusión.
- Depresión.
- Fatiga.
- Pobre sentido de la orientación.
- Desconexión espiritual.

Cómo descalcificar la glándula pineal

Es posible "curar" una glándula pineal calcificada y disolver la acumulación de calcio, flúor y fosfato que se ha ido acumulando a lo largo de los años. Los métodos que se enumeran a continuación también ayudarán a mantener y promover la salud de la glándula pineal y a evitar que vuelva a producirse la calcificación.

Usted puede o no elegir hacerse rayos X para determinar si tiene una glándula pineal calcificada; sin embargo, los métodos que se enumeran a continuación pueden seguirse con o sin un diagnóstico oficial. Incluso si no tiene calcificación, estas son excelentes medidas preventivas, ya que también tiene grandes ventajas para la salud de la glándula pineal.

Evite la ingesta excesiva de calcio. El calcio es importante para nuestra salud y para mantener unos huesos y dientes fuertes. Sin embargo, algunas personas tienden a excederse y a consumir demasiado innecesariamente.

Basta con atenerse a la ingesta diaria recomendada, que es suficiente para mantener el cuerpo en buena forma. Evite también los suplementos de calcio, ya que algunos estudios han demostrado que pueden hacer más daño que bien. Limítese a las fuentes naturales de calcio como los productos lácteos, los mariscos, las legumbres y los frutos secos.

Evite el exceso de flúor. La mayor parte de nuestra ingesta de flúor proviene del agua que fluye por los grifos, y los suministros de agua de la mayoría de las ciudades modernas contienen cantidades impactantes de este químico. Invierta en un filtro especial para eliminar el flúor del agua potable. Es dinero bien gastado. También puede beber agua alcalina o destilada.

Otra fuente de flúor es, por supuesto, la pasta de dientes. Lee las etiquetas de la pasta de dientes y opte por una marca con bajo contenido de flúor, o vaya a lo natural y alterne el cepillado con pasta de dientes y bicarbonato de sodio cada dos días.

Deshágase de los empastes dentales de mercurio. El mercurio es un metal pesado extremadamente tóxico, que, desafortunadamente, se ha usado como base para empastes dentales. Este metal pesado que descansa en un área tan cercana al cerebro puede causar estragos en la glándula pineal.

La buena noticia es que hoy en día, muchos dentistas están usando empastes que no contienen mercurio, así que confirme esto con sus dentistas si se va a empastar un diente. También debería considerar la posibilidad de retirar sus empastes viejos y reemplazarlos con los nuevos que no contienen mercurio.

La comida. La elección de los alimentos es una de las mejores y más fáciles formas de poner en marcha el proceso de descalcificación. Hay una gran variedad de alimentos que funcionan para descalcificar la glándula pineal y mejorar su salud en general.

El vinagre de sidra de manzana, el yodo, la clórela y la espirulina son excelentes para descalcificar y prevenir la calcificación. Los aguacates, los plátanos, los berros, la piña y el pepino son las mejores opciones de alimentos para una glándula pineal saludable.

Reducir la ingesta de carne también mantendrá sana la glándula pineal descalcificada. Las carnes como el cerdo y la carne de vacuno son muy ácidas y no favorecen la salud del cerebro en general.

Considere la posibilidad de usar arcilla bentónica. Este es un tipo de arcilla que se forma a partir de cenizas volcánicas y se ha utilizado a lo largo de la historia por sus propiedades desintoxicantes. La arcilla bentónica tiene propiedades magnéticas que atraen y se unen a las toxinas, especialmente a los metales pesados, y las eliminan del cuerpo.

Se usó en la antigüedad para curar varias enfermedades de la piel y problemas digestivos. La arcilla bentónica puede ser ingerida con seguridad, y una vez dentro del cuerpo, atrae y se une a toxinas y químicos dañinos, que luego son eliminados a través del tracto digestivo.

La arcilla se vende en línea y también se puede encontrar en la mayoría de las tiendas de alimentos saludables.

Ame el Sol. Los rayos anaranjados del sol (durante el atardecer o el amanecer) son extremadamente beneficiosos para descalcificar la glándula pineal. Dar un paseo o salir al aire libre en estos momentos es una gran manera de exponerse a estos rayos curativos.

Coma alimentos orgánicos. Los metales pesados de los pesticidas también pueden ser perjudiciales para la salud de la glándula pineal y, además, son muy difíciles de eliminar del cuerpo. Coma lo más orgánicamente posible, o al menos asegúrese de que sus frutas y verduras son de cultivo orgánico. La carne de vacuno alimentada con hierba y las aves de corral orgánicas son muy recomendables también.

Aprovechar el poder curativo de las hierbas. Ciertas hierbas como la artemisa, orégano, alfalfa, eneldo y perejil tienen potentes propiedades curativas. Úselas a menudo en ensaladas o salsas o bébalas como tés de hierbas.

Desestrésese. Esto es solo sentido común. Permitir que el estrés se acumule puede conducir a trastornos físicos y mentales muy graves. Tómese el tiempo para desestresarse regularmente realizando actividades de relajación, ejercicio y meditación.

Evite la iluminación fluorescente. La glándula pineal es muy sensible a la luz y funciona mejor con luz natural. Las bombillas fluorescentes no forman parte del espectro de la luz natural y, por lo tanto, son muy perturbadoras para la glándula pineal.

Despierte su chakra del tercer ojo. Como se mencionó antes, un chakra del tercer ojo inactivo es otra causa importante de calcificación de la glándula pineal. Un chakra del tercer ojo activo energizará y fortalecerá la glándula pineal, manteniendo estas dos vías trabajando juntas en armonía.

Teoría de la Conspiración

Esto no tiene nada que ver con el tema, pero es un hecho divertido de saber. En realidad, hay una teoría de conspiración alrededor de la glándula pineal.

Los proponentes de esta teoría se llaman "activistas anti-flúor". La teoría en sí misma tiene varias variaciones, pero en pocas palabras, los defensores de la lucha contra el flúor creen que el flúor es una sustancia química que altera el cerebro y que es perjudicial en cantidades excesivas. Según la teoría, el flúor daña las células cerebrales o la glándula pineal con el tiempo.

Los activistas contra el flúor creen que desde la Segunda Guerra Mundial ha habido una conspiración para fluorizar el agua potable a fin de mantener a las masas plácidas y obedientes. ¿Quién está exactamente detrás de este plan? De nuevo, esto varía desde "gobiernos mundiales", "entidades masónicas" hasta "la élite gobernante". Esto se conoce comúnmente como la "teoría de la medicación en masa".

Otra versión de la teoría afirma que las empresas químicas, en connivencia con los gobiernos, vierten flúor en nuestro sistema de agua como una forma fácil de deshacerse de este subproducto (y hacer dinero con él al mismo tiempo). Esta es la teoría del "veneno industrial".

Una posible explicación para estas creencias es que estos activistas están influenciados por el antiguo enigma de la glándula pineal. El hecho de que la ciencia aún no haya descubierto todos sus secretos podría llevar a algunas personas a sospechar algún tipo de esquema diabólico; no hace falta decir que no hay pruebas concluyentes para tales teorías, y tal vez sea mejor tomarlas con cierto escepticismo.

Conclusión

Concluyamos este capítulo con una notable porción que ilustra el poder de la glándula pineal. La ciencia nos dice que la mayoría de los animales tienen una glándula pineal, pero a diferencia de los humanos, la aprovechan al máximo. Mientras que mucha gente ha dejado esta importante glándula inactiva e impotente, ciertos animales han aprendido a aprovechar sus capacidades en formas que la raza humana nunca ha considerado.

Todos hemos visto bandadas de pájaros volando al unísono perfectamente sincronizados y nos hemos preguntado cómo lo hacen. Nunca se ve a un miembro de la bandada acelerando y chocando con el pájaro que va delante. Nunca se ve a un pájaro frenando y al que está detrás chocando con él. Cada pájaro de esa bandada se mantiene en una formación invisible en un hermoso despliegue aéreo.

Esto se debe a que las aves han aprovechado la capacidad de trabajar como una sola mente a través de sus glándulas pineales. En realidad, se comunican telepáticamente. Los gansos migratorios son un excelente ejemplo de esto.

Los animales aparentemente tienen la capacidad de comunicarse telepáticamente a través de la glándula pineal, lo que ilustra el potencial de este pequeño órgano y lo que puede significar para la raza humana. ¡Imagine si todos los humanos fueran capaces de reconocer este poder y utilizarlo para el bien común!

Esperemos que ahora entienda cómo se entrelazan las funciones de la glándula pineal y el chakra del tercer ojo. Si el chakra del tercer ojo tiene la capacidad de trascender el reino físico, las características espirituales de la glándula pineal refuerzan y mejoran esta capacidad.

Entonces, el primer paso práctico de esta guía es comenzar a revivir y desintoxicar su glándula pineal con los pasos mencionados anteriormente. Asegúrese de comer los "superalimentos" sugeridos; revise la arcilla bentónica y filtre su agua. Comenzará a sentir la diferencia. Notará que tiene más energía, más claridad y concentración, y su sueño mejorará. Se sentirá más animado y optimista y menos propenso a los cambios de humor y a la depresión. Todos estos son signos de una glándula pineal más saludable.

En los siguientes capítulos, empezaremos a trabajar en la apertura del chakra del tercer ojo y en el fortalecimiento de su relación vital con la glándula pineal. El trabajo conjunto de ambos en armonía es el primer paso para el desarrollo de sus dones psíquicos.

Capítulo tres: Estableciendo el trabajo de base: Ejercicios para abrir el tercer ojo

¿Está listo para abrir la puerta a la conciencia interior y a la experiencia extrasensorial? Este capítulo contiene quince ejercicios para despertar su tercer ojo, enumerados en orden aleatorio. Puede comenzar con uno o dos que resuenen más con usted, luego intercambiarlos o agregar más a su rutina. A medida descubrirá que despertar el tercer ojo no es una fantasía inalcanzable.

Pasos preparatorios

Mientras se prepara para hacer estos ejercicios, debe ser consciente de tres mentalidades o cualidades básicas que son esenciales para que los ejercicios sean óptimamente efectivos. Es una buena idea practicar estas mentalidades durante al menos una semana para permitir que surtan efecto antes de empezar a practicar los ejercicios.

1. **Abrace su intuición.**

Prepare su intuición para las increíbles percepciones e información que comenzará a recibir, no ignorando o encogiendo los pensamientos que parecen "triviales" o "tontos". Usted debe aprender a confiar en su intuición y a escuchar y aceptar lo que su tercer ojo le dice una vez que comienza a expandirse.

Esto es aún más importante si usted es alguien que generalmente ha desconfiado de sus sentimientos o si los percibe como irracionales. Intente lo siguiente para estar más en sintonía con su voz interior:

- Practique el sueño lúcido.
- Juegue a las adivinanzas.
- Lea las cartas del tarot.
- Practique la interpretación de sus sueños.
- Deténgase y explore cómo se siente en ciertas situaciones o hacia personas que acaba de conocer.
- Mantenga la mente abierta, no descarte los sentimientos instintivos y deténgase a reflexionar sobre los pensamientos aleatorios que le llegan de repente; así es como suele recibir los mensajes de su tercer ojo.

2. Aprenda a saborear el silencio.

Los ejercicios y meditaciones de este libro deben ser practicados en silencio. No necesariamente en un entorno silencioso, aunque sería ideal (usted aprenderá a tratar con el ruido y las distracciones en el capítulo siguiente). Se trata de aprender a fomentar y disfrutar del silencio de una mente tranquila y sosegada.

Esto se debe a que su tercer ojo comenzará a darle acceso a mensajes más profundos y sutiles a medida que su percepción se intensifica. Una mente silenciosa y tranquila es necesaria para que usted sea capaz de oír y sentir estos mensajes. Serán casi como un susurro al principio hasta que su tercer ojo se despierte completamente.

Cultive el silencio interior con lo siguiente:

- Pasar un tiempo tranquilo en la naturaleza. Esto puede ser sentarse tranquilamente en un prado de hierba o en una playa, o dar un paseo en un parque tranquilo.

- Tómese unos momentos cada día para recostarse, cierre los ojos y concéntrese en el silencio de su mente. Descarte los pensamientos que lo distraigan respirando profundamente y continuando solo para sentarse tranquilamente.
- Escuche música tranquila.
- Practique un pasatiempo relajante como la pintura o las artesanías, donde su mente pueda estar totalmente inmersa en lo que está haciendo.

3. Fomente su fuerza creativa.

Un chakra del tercer ojo inactivo ahoga la creatividad y la espontaneidad. Fomentar su creatividad facilitará el proceso de apertura del tercer ojo. Impulse su fuerza creativa involucrándose en cualquier cosa creativa. Aquí hay algunas sugerencias:

- Baile o cante.
- Pinte con los dedos.
- Juegue con arcilla.
- Construya cosas con Legos.
- Escriba poesía.
- Diseñe una tarjeta hecha a mano para un amigo o un ser querido.
- ¡Juegue con los niños y capte su deliciosa espontaneidad!

La creatividad lo ayuda a dejar atrás la lógica rígida, los pensamientos excesivamente racionales y las creencias convencionales de lo que está bien o mal. Esto realmente obstaculizará el proceso de despertar del tercer ojo. ¡Su mente necesita estar abierta y lista para aceptar experiencias muy poco convencionales, de hecho! Cuanto más abierto usted esté a las posibilidades, más potenciará su chakra del tercer ojo.

Plan de siete días para la desintoxicación mental

Siempre es mejor empezar con una "pizarra limpia", por así decirlo. He aquí un plan sugerido de siete días para limpiar, desestresar y desintoxicar su mente, para hacerla más receptiva a los ejercicios y técnicas del tercer ojo. Dedique cada día a practicar solo la actividad sugerida, y al final de la semana, encontrará que su mente está mucho más calmada y enfocada.

Día 1: Organícese

- Tómese unos minutos la noche anterior para organizar sus pensamientos y planear su día. Utilice una agenda de escritorio o un cuaderno de notas para anotar todas las cosas que debe hacer al día siguiente, las horas en que debe hacerlas y establezca un plazo aproximado para cada tarea.
- Programe también el tiempo para los descansos y las comidas.
- Prepárese para interrupciones inesperadas y no se asuste si su horario se desbarata un poco.
- Este ejercicio le ayudará a ver que un día planificado y más estructurado puede eliminar el desorden mental y le ayudará a estar más concentrado y ser más productivo.

Día 2: Practique la gratitud

Su objetivo para el segundo día es contar sus bendiciones desde el momento en que se despierta hasta que pone su cabeza en la almohada por la noche. Comience su día agradeciendo que está aquí para disfrutarlo. Aprecie el olor y el calor de su café matutino y de sus bendiciones para su desayuno.

A medida que avanza el día, encuentre cosas por las que estar agradecido que siempre ha dado por sentado. Por ejemplo: su bonita oficina; la amable camarera del restaurante donde va a almorzar; o la bonita vista de su ventana. ¿Cuántas veces se ha detenido a considerar cuánto mejor estas cosas hacen su vida?

Más importante aún, aproveche la oportunidad de apreciar a sus seres queridos y recuerde la alegría que traen a su vida.

Para cuando se vaya a la cama, estará lleno de paz, calma y agradecimiento por haber sido tan bendecido.

Día 3: Siga la corriente

Esto es todo lo contrario a un día programado. En el tercer día, su mantra será: "Es lo que tiene que ser". No haga planes ni tenga expectativas. Solo tome cada cosa como viene y lidie con ella con calma. No se desvíe cuando surja algo inesperado, y enfrente las crisis y las situaciones difíciles sin entrar en pánico, porque "Es lo que tiene que ser", y nada dura para siempre.

Este ejercicio le ayuda a poner las cosas en perspectiva y evita que se obsesione o se estrese cuando las cosas no salen exactamente como se han planeado.

Día 4: Estar en el presente

Aprender a estar atento es la clave para despertar el chakra del tercer ojo, así que esta es una buena práctica para los ejercicios que usted hará más tarde. Realice varias pausas durante el día para observar su entorno y centrarse en lo que está haciendo.

Concéntrese en los sonidos, olores y vistas a su alrededor. Tome conciencia de dónde está y de los objetos que le rodean, como un cuadro en la pared, los objetos en su escritorio y la vista fuera de su ventana. Lleve su mente a lo que está haciendo y sumérjase completamente en la tarea.

Cuando usted se sorprenda pensando en recoger a los niños a las 4:00 p. m. o en la pila de ropa sucia que espera en casa, traiga su mente de vuelta al presente.

No hace falta decir que este es un día en el que usted debe evitar la multitarea y centrarse en una cosa a la vez.

Día 5: Mantener el pasado en el pasado

Una de las cosas más destructivas mentalmente que hacemos como humanos es pensar en eventos pasados dolorosos. Nos detenemos en conversaciones y argumentos, repitiéndolos una y otra vez en nuestras mentes. Guardamos rencor y resentimiento hacia otros a quienes culpamos de nuestras desgracias y dolores pasados.

En el quinto día, su objetivo es atraparse a sí mismo morando en el pasado y descartar inmediatamente esos pensamientos centrándose en lo que está haciendo, y luego pensar en pensamientos positivos.

Cuando practique este ejercicio, se sorprenderá al descubrir cuánto de su día pasa realmente viviendo en el pasado.

Día 6: Piense antes de reaccionar

En este día, usted debe hacer una pausa para reflexionar antes de hablar o reaccionar a todo lo que se encuentre. Escuche lo que los demás están diciendo y no responda con lo primero que le venga a la mente. En su lugar, haga una pausa, procese la información y responda con calma y apropiadamente. Lo mismo se aplica a sus acciones a lo largo del día. Esta es una buena manera de frenar la impaciencia y el pánico y le ayuda a ver las cosas en perspectiva.

Día 7: Despeje su cerebro

El séptimo día es para reflexionar sobre los últimos seis días y despejar el cerebro de cualquier pensamiento negativo.

Piense solo en las cosas positivas y placenteras que sucedieron durante la semana, lo que ha logrado en el trabajo, las grandes conversaciones que tuvo, los eventos agradables y las situaciones difíciles que manejó con éxito. Piense en estos pensamientos positivos y saque mentalmente todos los pensamientos negativos de su mente.

Usted puede revisar este ejercicio cada cierto tiempo para mantener su mente clara y equilibrada. No interferirá con los ejercicios y meditaciones del chakra del tercer ojo.

Quince ejercicios para despertar el chakra del tercer ojo

Esta es una compilación de los ejercicios más efectivos para despertar, nutrir y mantener la salud del chakra del tercer ojo. Usted debe probar cada uno al menos una vez para tener una idea de ello.

Ejercicio 1: Respiración consciente

Este ejercicio se puede hacer siempre que tenga cinco minutos para sentarse tranquilamente en una posición cómoda y relajada.

- Asegúrese de estar sentado o reclinado cómodamente.
- Cierre los ojos y tómese unos momentos para dejar que su cuerpo se relaje.
- Inhale lentamente por la nariz hasta la cuenta de cinco. Concéntrese solo en la actividad de la respiración. Sienta el aire que pasa por sus fosas nasales y que llena sus pulmones. Sienta cómo sus pulmones se expanden con el aire.
- Aguante la respiración durante dos o tres segundos.
- Exhale lentamente por la boca a la cuenta de cinco, volviendo a concentrarse en la sensación de su aliento al salir del cuerpo.
- Sea consciente de la tensión que sale de su cuerpo con cada exhalación.
- Repita diez veces.
- Nota: Respire profundamente desde su vientre. La respiración superficial frustrará el propósito ya que causa estrés. Asegúrese de que el aire entre profundamente en su estómago y suéltelo lentamente desde allí.

Este es uno de los mejores ejercicios para reforzar el silencio de la mente. También ayuda a limpiar y energizar el tercer ojo, equilibrar todo el sistema de chakras, y ayuda a asentar la percepción y la conciencia. También es un alivio instantáneo del estrés.

La respiración consciente se puede practicar en muchas situaciones, como en una silla cómoda en casa, en la oficina durante un descanso, o cuando se va al trabajo o se está sentado en el auto.

Ejercicio 2: Enrollar la lengua africana

Esta es una práctica tradicional entre varias tribus africanas donde la comunión con el mundo de los espíritus es un rito sagrado. Creen que el chakra del tercer ojo debe ser muy poderoso para poder participar en estos ritos, y, por lo tanto, este ejercicio se practica comúnmente para fortalecerlo:

- Utilice su lengua para acariciar lentamente el paladar de delante a atrás durante dos o tres minutos.
- Mueva su lengua más rápido a lo largo del paladar y use su voz para hacer un sonido aleatorio. Sienta cómo el paladar empieza a vibrar. Intensifique el movimiento para aumentar la vibración tanto como sea posible. Esto se supone que "atrae la atención del tercer ojo".
- Continúe haciendo esto durante tres o cuatro minutos.

Ejercicio 3: Tocar el tercer ojo

El propósito de este ejercicio es hacer cumplir la intención del subconsciente.

- Coloque su dedo en el chakra del tercer ojo en medio de su frente y declare en silencio la intención de despertarlo.
- Masajee suavemente su tercer ojo con un movimiento circular y visualícelo comenzando a pulsar y a despertar. Continúe este movimiento durante tres o cuatro minutos.
- Haga una pausa durante algunos segundos para golpear suavemente el tercer ojo dos o tres veces y luego continúe masajeando, visualizando el ojo mientras comienza a despertarse lentamente bajo su tacto.

Ejercicio 4: Contemplar la luna

La luz de la luna energiza el tercer ojo, aumenta la intuición y agudiza la percepción.

Por supuesto, mirar la luna no es un ejercicio que se pueda hacer regularmente, ya que depende de su clima y condiciones meteorológicas específicas. Pero si puede, debe aprovechar las noches cálidas e iluminadas por la luna para tender una manta en su patio, tejado o balcón, y tumbarse a contemplar la maravillosa belleza de la luna y las estrellas. Es una forma simple y relajante de promover el silencio de la mente mientras se baña el tercer ojo en los nutritivos rayos de la luna.

- Acuéstese o siéntese y simplemente contemple la luna.
- Imagine la luz de la luna bañando su cuerpo y entrando en su tercer ojo.
- Agradezca cualquier pensamiento que le venga y trate de escuchar a su tercer ojo.

Ejercicio 5: Adivinación

La adivinación es una antigua práctica de conciencia psíquica o segunda vista. Permite "ver" de forma similar al cliché de una hechicera con una bola de cristal. Pero no se preocupe. Usted no tiene que salir y comprar una bola de cristal para hacer este ejercicio.

La adivinación se puede hacer a través de una variedad de métodos como mirar en un charco de agua, un espejo, el fuego o una bola de cristal si le apetece. Mirar las nubes es otra gran manera de practicar la adivinación.

Este ejercicio es genial para eliminar los bloqueos del tercer ojo para liberar energía y mejorar la visión interna. No tiene nada que ver con la lectura del futuro. Es simplemente un proceso de apertura de la mente a los mensajes que su tercer ojo le envía.

Artículos sugeridos para usar en la adivinación

Probablemente esté familiarizado con la práctica de adivinación de las imágenes que ha visto de una hechicera mirando dentro de una bola de cristal. Sin embargo, hay otros métodos de adivinación que son probablemente más accesibles.

- **Espejos.** Mirarse en un espejo es uno de los métodos más comunes de adivinación.
- **Agua.** Un simple cuenco de agua cumple la misma función que una bola de cristal. Puede dejar caer piedrecillas o cristales en el agua y mirar las ondulaciones que hacen.
- **Aceite.** Puede usar aceite de cocina normal o aceite perfumado; la fragancia captará su sentido del olfato y ampliará su percepción. El aceite se vierte en el agua, y usted mira los movimientos y formas que hace, y la luz que se refleja en él.

- **Cera.** Aquí es donde la cera calentada se gotea en un tazón de agua. Puede simplemente encender una vela e inclinarla para que la cera caiga en el tazón y se endurezca.
- **Fuego.** Mirar fijamente la llama de una vela o un fuego de madera es una gran manera de ver imágenes asombrosas y recibir mensajes sorprendentes. En realidad, es el método más antiguo de adivinación.

Cómo practicar la adivinación

- Mire atentamente lo que ha elegido para el ejercicio.
- Relaje suavemente su visión y permita que se desenfoque un poco.
- Continúe mirando al espejo, agua o fuego, hasta que se empiecen a formar imágenes.
- Contemple las imágenes y trate de ver si puede interpretar cualquier mensaje que venga de su tercer ojo.

Puede que usted no vea necesariamente ninguna visión clara o reciba mensajes específicos, especialmente al principio. El objetivo de la observación es darle una idea de la energía psíquica que reside dentro de su tercer ojo, y cuanto más lo despierte, más vívidas serán las imágenes que reciba, y más fácilmente podrá interpretarlas.

Ejercicio 6: Visualización del tercer ojo

Este ejercicio trabaja para despertar su ojo interno usándolo para reemplazar sus ojos físicos.

- Comience con objetos simples hasta que su tercer ojo esté entrenado para hacer esto con objetos más complejos.
- Una imagen de un círculo, un cuadrado o un círculo de un color vivo es un buen ejemplo para empezar. También puede elegir cualquier objeto físico simple como un lápiz, una taza, un cenicero, etc.
- Mire fijamente al objeto durante unos minutos, registrando cada detalle.

- Cierre los ojos y visualice el objeto, recreando cada detalle y color hasta que pueda verlo en el ojo de su mente como si lo estuviera viendo físicamente.

Este ejercicio requiere una concentración extrema, pero con el tiempo, se volverá más fácil. Usted aprenderá a utilizar su ojo interno para recrear visualizaciones de carteles, portadas de libros y objetos intrincados tan realistas que se sorprenderá.

Ejercicio 7: Proyección

Este maravilloso ejercicio le permite viajar a través del tiempo y el espacio en su mente.

- Elija un lugar que conozca bien y disfrute de su visita. Puede ser un parque, una tienda que le guste, o su restaurante favorito.
- Cierre los ojos y visualice cada detalle, luego trate de imaginarse en ese lugar como si estuviera allí físicamente.
- Reviva un evento pasado que sucedió en ese lugar como si estuviera sucediendo de nuevo en el mismo momento. Trate de recordar cada detalle e incluso las conversaciones que tuvo. Déjese transportar al pasado y reproduzca la escena como si hubiese retrocedido en el tiempo.
- Ahora, proyéctese hacia el futuro imaginando ese mismo lugar o cualquier otro que conozca bien. La próxima vez que usted visite ese lugar, visualice lo que sucederá, lo que llevará puesto, cómo será el tiempo, o las personas que conocerá. Deje que su mente le lleve a donde quiera, mientras se proyecta en esa escena del futuro.

Este ejercicio despierta sus sentidos internos y le da a su tercer ojo un buen entrenamiento.

Ejercicio 8: Pose Balasana de Yoga

El yoga, en general, es muy efectivo para abrir el tercer ojo, pero esta posición es específicamente útil. Se llama la posición del "niño durmiente" o la "postura del niño".

- Utilice una esterilla de yoga o una manta doblada o un suelo alfombrado.
- Bájese suavemente al suelo y siéntese en los talones.

- Respire profundamente tres veces.
- Baje lentamente la parte superior del cuerpo hacia delante hasta que la frente toque el suelo.
- No estire los brazos delante de usted, pero manténgalos junto a su cuerpo, con las palmas hacia arriba.
- Lleve su conciencia a su frente y mantenga su enfoque allí. Respire profundamente durante unos minutos, centrándose solo en su frente.
- Levante el cuerpo muy lentamente hasta que vuelva a estar sentado sobre los talones.
- Mueva la cabeza hacia atrás y descanse en la parte posterior de su cuello. Mantenga sus ojos mirando hacia arriba por unos momentos mientras respira profundamente.
- Repita el ejercicio tres veces.

Ejercicio 9: Visualización de colores

Este es uno de los mejores ejercicios para energizar y desbloquear el chakra del tercer ojo.

- Siéntese en una posición cómoda y respire profundamente tres veces, permitiendo que la tensión salga de su cuerpo.
- Cierre los ojos y visualice una rueda de energía púrpura o azul oscuro girando en la zona del tercer ojo.
- Enfóquese en la bola de energía mientras irradia energía en su tercer ojo.
- Continúe el ejercicio tanto tiempo como desee.

Ejercicio 10: Practique viendo su aura

Algunas personas que abren el chakra del tercer ojo pueden ver auras. Esta es una buena manera de empezar a practicar mientras se energiza el chakra del tercer ojo al mismo tiempo. Discutiremos cómo ver las auras con mayor detalle más adelante. Este es un gran ejercicio para mejorar la visión periférica, que se necesita para ver las auras.

- Practique este ejercicio en una habitación bien iluminada (pero no demasiado brillante) y frente a una pared de color neutro.

- Siéntese frente a la pared en el suelo o en una silla. Estire los brazos hacia la pared hasta que estén a unos 40 centímetros de la pared y directamente delante de sus ojos.

- Junte sus dedos índices y enfoque su visión en el punto donde se están tocando.

- Mueva sus dedos índices ligeramente separados, pero mantenga su visión enfocada en el punto donde se estaban tocando.

- Amplíe su visión a lo largo del mismo punto, pero más lejos en la distancia.

- Continúe enfocando la distancia, y en su visión periférica, debería ver una tenue luz azul alrededor de sus dedos y manos. Esta es la luz de su aura.

- Puede que esto no ocurra las primeras veces, pero con la práctica, será capaz de ver la luz e incluso practicar el ejercicio en la oscuridad total. El objetivo principal de este ejercicio es fortalecer la visión periférica y energizar la percepción del tercer ojo.

Ejercicio 11: Ejercicio de Cristal

Ciertas piedras y cristales ayudan a energizar el chakra del tercer ojo. Algunas de ellas incluyen lapislázuli, zafiro azul, ágata azul y cuarzo azul.

- Coja la piedra o el cristal y sosténgalo en su mano por un momento.

- Cierre los ojos y visualice la energía que fluye desde el cristal hasta el chakra del tercer ojo.

- Siéntalo entrar en su tercer ojo, calentándolo y causando un cosquilleo.

- Practique este ejercicio con una piedra diferente cada vez, dejando que su intuición le guíe en cuanto a la que elija.

Ejercicio 12: Ejercicio de base de la conciencia

Una de las principales causas de un tercer ojo dormido es no vivir atentamente y no estar en el presente. Pensar demasiado en el futuro, rumiar sobre el pasado y vivir en la fantasía hace que nuestro tercer ojo pierda la perspectiva porque no está basado en la realidad.

Usted puede aplicar este ejercicio a cualquier cosa que haga en la vida diaria, pero aquí, vamos a centrarnos en la actividad de comer una comida.

• Siéntense ante su plato, pero no comience a comer de inmediato. En su lugar, cierre los ojos y concéntrese en el olor de la comida por unos momentos.

• Abra los ojos y comience a comer, enfocando su atención solo en la comida que está comiendo.

• Mastique lentamente, saboreándola y contemplando los diferentes sabores y texturas.

• Sienta cómo la comida se mueve por su garganta y se asienta en su estómago.

• Tenga en cuenta solo la comida que está comiendo en este momento.

Puede practicar este ejercicio al doblar la ropa, lavar los platos o cualquier otra tarea mundana. En lugar de dejar que su mente deambule, concéntrese solo en lo que está haciendo y deje que su mente y sus sentidos observen y registren cada detalle.

Con el tiempo, usted aprenderá a vivir más atentamente, manteniendo su tercer ojo en la realidad.

Ejercicio 13: Meditación con cristales

Para este ejercicio, usted necesita un pequeño cristal de amatista que puede ser colocado en el área de su chakra del tercer ojo.

• Acuéstese y coloque la amatista en su frente.

• Visualice la energía del cristal penetrando en su tercer ojo y llenándolo de energía.

• Declare en silencio la intención de que está despertando su tercer ojo.

• Continúe el ejercicio por el tiempo que desee.

Ejercicio 14: Mantra del tercer ojo

La palabra "Om" se canta a menudo como un mantra en las prácticas espirituales porque en realidad coincide con la vibración del tercer ojo. Crea una energía curativa que equilibra y nutre el chakra del tercer ojo.

• Acuéstese o siéntese en una posición cómoda y enfóquese en su tercer ojo.

• Cante la palabra "Om" con una voz monótona una y otra vez.

• Sienta las vibraciones del mantra fluyendo hacia su tercer ojo y visualícelo vibrando junto con el mantra.

• Practique el ejercicio tanto tiempo como desee.

Ejercicio 15: Ejercicio de Mudra del Tercer Ojo

• Siéntese en el suelo con las piernas cruzadas y la espalda recta.

• Ponga las palmas de las manos juntas delante de usted con ambos pulgares tocándose e inclinadas hacia el pecho. Los dos dedos medios también deben tocarse. El resto de sus dedos deben estar doblados.

• Inhale profundamente por la nariz, y al exhalar, pronuncie el mantra "Ksham" mientras se enfoca en su chakra de la frente.

• Repítalo siete veces.

Qué se puede esperar

A medida que el chakra del tercer ojo comience a abrirse con estos ejercicios, usted comenzará a experimentar un cambio gradual. Puede ser casi imperceptible al principio, pero lo sentirá. Sin embargo, no espere demasiado al principio. Dese tiempo, manténgase abierto y sea paciente. Después de todo, su tercer ojo ha estado inactivo toda su vida. Necesita tiempo para abrirse y cobrar vida lentamente. Usted puede esperar experimentar algunos de lo siguientes:

• Un ligero dolor de cabeza cuando se despierta por la mañana.

• Presión en el área del chakra del tercer ojo. La presión puede ser bastante fuerte como si algo estuviera presionando su ceja, o puede ser leve. Esto es una señal de que su tercer ojo se está expandiendo.

• Una sensación de hormigueo en la zona del tercer ojo.

• Puede que oiga leves chasquidos en la cabeza a intervalos durante el día.

• Puede que tenga una mayor sensibilidad a la luz brillante.

• Aumento de los sentidos donde verá, sentirá, olerá y escuchará cosas con un nuevo nivel de conciencia.

• A medida que su tercer ojo se active, será más perceptivo a las toxinas de los alimentos. Puede que se encuentre naturalmente evitando ciertos alimentos mientras elige los que nutren y vigorizan su cuerpo y su tercer ojo. En otras palabras, el despertar de su tercer ojo le hará más consciente de su salud.

• Usted se volverá consciente de la mejora en la concentración y el enfoque.

Cuando usted comienza a experimentar algunos de estos síntomas, puede estar seguro de que su tercer ojo se ha abierto. ¡Felicidades! ¡Su metamorfosis ha comenzado!

Estos ejercicios deben practicarse regularmente a diario, si es posible, así como en forma alternada. Sea creativo con las combinaciones, eligiendo practicar dos o tres ejercicios durante una o dos semanas antes de cambiar a un nuevo conjunto. Explore cuáles funcionan mejor con usted.

Un consejo aquí; no se apresure. Sea paciente y dele tiempo a los ejercicios para que funcionen. No hay un marco de tiempo para los resultados esperados. Algunas personas pueden empezar a experimentar síntomas del despertar del tercer ojo después de solo una semana. Con otros, puede tardar meses. Continúe con los ejercicios y con las técnicas adicionales que aprenderá en el próximo capítulo.

Capítulo cuatro: Meditación: La piedra angular del despertar del tercer ojo

Si la música es el alimento del alma, la meditación es el alimento más potente para el chakra del tercer ojo. De hecho, la meditación es el mejor alimento para cualquier emprendimiento en el despertar espiritual. De hecho, algunos de los ejercicios discutidos en el capítulo anterior son en realidad "mini meditaciones". Pero abrir el chakra del ojo interno requiere llevarlo a un nivel más alto con sesiones de meditación más intensas. La meditación debe ser practicada junto con los ejercicios.

¿Qué es exactamente la meditación?

La meditación es una habilidad que puede ser aprendida y perfeccionada, como cualquier otra habilidad que probemos. No requiere ningún talento especial. Por otro lado, también necesita ser abordada sin escepticismo.

Si usted es nuevo en la meditación, puede sentirse un poco incómodo al principio. Sin embargo, la mayoría de las personas que experimentan las alegrías de la meditación aprenden rápidamente a amarla como una actividad relajante y enriquecedora.

La meditación es básicamente una práctica antigua establecida en las antiguas tradiciones indias. Se practica con el objetivo de abrir la mente para una intuición y percepción más profundas. También hay varias meditaciones muy poderosas desarrolladas específicamente para abrir el tercer ojo y fortalecer la glándula pineal.

La meditación también le ayuda a controlar sus pensamientos y su mente, poniéndolo, como creen los defensores del budismo, en control de su vida. Este es un regalo extremadamente poderoso para tener. Muchas cosas en la vida están fuera de nuestro control, pero al aprender a controlar nuestros pensamientos, podemos responder a las situaciones con sabiduría y calma y tomar mejores decisiones. Esta habilidad se hace aún más pronunciada cuando su chakra del tercer ojo se despierta.

La meditación desarrolla la claridad y mejora la concentración y es posiblemente una de las mejores maneras de aliviar el estrés. Estos son solo algunos de los beneficios de la meditación. Todos los beneficios físicos y mentales, así como las investigaciones que los confirman, son demasiado numerosos para enunciarlos aquí.

¿Cómo funciona la meditación?

Cuando usted medita, su cerebro entra en un estado de longitud de onda alfa, (que es diferente del estado normal de longitud de onda beta con el que resuena el cerebro). En este estado de tranquilidad y relajación, la mente se abre más para recibir mensajes sutiles y percepciones de nuestro tercer ojo. La práctica regular de la meditación permite entrar más y más fácilmente en el estado de longitud de onda alfa y, con el tiempo, se puede recibir una sabiduría, un conocimiento y una información más profundos del reino no físico. También ayuda a fortalecer los dones espirituales.

Tipos de Meditación

Los tipos de meditación son variados y diversos. La meditación Zen, la meditación Vispana, la meditación de la atención plena, la meditación trascendental, la meditación taoísta y la meditación mantra son algunas de las más populares. También hay un tipo de meditación para casi cualquier cosa, desde aliviar el dolor y el estrés hasta conocer a sus guías superiores. Pero lo ideal sería que la meditación se enfocara con el objetivo de lograr la calma interior y una conciencia más profunda, además de la pura felicidad de poder olvidar el mundo y relajarse.

Meditaciones para el tercer ojo

La meditación nos permite apagar la mente pensante y lógica. Cuando la mente se aquieta y entra en un estado de longitud de onda de nivel alfa, entonces se convierte en un filtro para las percepciones sutiles y los mensajes del tercer ojo.

Todos los tipos de meditación son efectivos para abrir el tercer ojo. La meditación guiada y cualquier tipo de meditación de atención plena funcionará muy bien. Sin embargo, las siguientes son las más poderosas para abrir y nutrir el tercer ojo.

Meditación 1: Meditación Trataka

Esta es una antigua meditación derivada de las prácticas de Tantra y Hatha yoga. En sánscrito, Trataka significa "contemplar" o " mirar".

Esta meditación requiere que usted se siente perfectamente quieto en el suelo con las piernas cruzadas en la posición de loto. Si esto no es cómodo, siéntese en una silla de respaldo recto donde pueda mantener su columna vertebral recta.

Cierre los ojos y respire profundamente desde el vientre durante dos o tres minutos hasta que su cuerpo esté completamente relajado.

Concéntrese profundamente en la zona del chakra del tercer ojo. Continúe enfocando el área por unos momentos.

Con los dos ojos todavía cerrados, llévelos hacia arriba, hacia el chakra interior del ojo, como si lo estuviese mirando. Puede que usted sienta una tensión en sus ojos mientras intenta mantenerlos en esa posición. Usted sabrá que es la posición correcta cuando sienta que sus ojos se "traban" ligeramente por encima del puente de su nariz, y la posición no se sienta demasiado tensa.

Mantenga los ojos cerrados en esa posición y empiece lentamente a contar hacia atrás desde 100 (con unos dos segundos entre cada cuenta).

Mantenga los ojos cerrados enfocados en el chakra del tercer ojo hasta que termine de contar hacia atrás hasta cero.

Vuelva a poner los ojos en su posición normal y respire profundamente tres veces para volver a centrarse. Permita que sus ojos vuelvan a su movimiento normal.

Sienta cómo se vuelve a conectar con la tierra y abra los ojos. La meditación debe durar entre diez y quince minutos.

Algunas personas reportan que, al hacer esta meditación, pueden ver sus pensamientos como si estuvieran viendo un sueño. Pueden sentir calor en la zona del ojo interno, lo que indica que está atrayendo energía. Además, no solo es una meditación muy poderosa para despertar el tercer ojo, sino que también es un gran entrenamiento que mantiene los ojos sanos.

Nota: Esta meditación debe practicarse con moderación para evitar la sobre activación del chakra del tercer ojo. Una vez a la semana será suficiente para mantener todo en equilibrio.

Meditación 2: Meditación de exploración del cuerpo para la intuición del tercer ojo

Esta meditación está específicamente orientada a incrementar su intuición a través del chakra del tercer ojo.

- Siéntese en una posición cómoda con la espalda recta.
- Cierre los ojos y haga el ejercicio de respiración consciente para que pueda conectarse a tierra. Esto debería tomar de dos a tres minutos, o hasta que toda la tensión se libere de su cuerpo y se sienta completamente relajado.

- Comience el escaneo del cuerpo desde la parte superior de su cabeza o desde el chakra de la corona. Enfóquese en esta área hasta que empiece a notar las sensaciones allí. Esto puede ser un hormigueo, presión, un ligero calor, ardor o zumbido. No se preocupe si no siente nada las primeras veces que practique esta meditación. Su mente se entrenará para captar estas sensaciones con el tiempo.

- Cuando esté listo, baje a toda la zona de la frente desde la parte frontal hasta la parte posterior de su cabeza. Enfóquese en esta área, una vez más, notando cualquier sensación allí.

- Cuando esté listo, baje a los ojos, luego la nariz, el área sobre la boca y luego la boca misma. Pase unos minutos en cada área y noten las sensaciones.

- Continúe el escaneo del cuerpo moviéndose hacia abajo y explorando cada parte del cuerpo; barbilla, cuello, hombros, brazos, torso, parte superior del estómago, parte inferior del vientre, parte superior de los muslos, piernas, y finalmente termine con los pies.

- No reaccione ni juzgue las sensaciones negativas que pueda sentir. Simplemente reconózcalas y siga adelante.

- Si lo desea, puede repetir el escaneo del cuerpo comenzando una vez más desde la parte superior de su cabeza.

La meditación aumenta la intuición haciéndole más consciente de las sutiles sensaciones de su cuerpo. Usted puede recibir ciertas percepciones o momentos "¡ajá!" mientras está meditando, o incluso días después de la meditación.

Meditación 3: Bola de luz dorada

- Siéntese en la posición de loto o en una silla cómoda con la espalda recta.

- Respire profundamente y sienta la tensión que sale de sus músculos con cada respiración.

- Visualice una corriente de energía caliente que fluye por su cuerpo desde la parte superior de su cabeza hasta los dedos de los pies. Continúe visualizando y sienta esta energía circulando lentamente por su cuerpo.
- Luego, dirija su atención al chakra del tercer ojo y la energía caliente que llena el espacio entre las cejas.
- Visualice que la energía se junta para formar una bola giratoria de luz dorada en el centro del chakra del tercer ojo.
- Concéntrese en la bola giratoria y en la hermosa luz dorada que emana de ella.
- Cuando se sienta listo, permita que la luz se expanda hasta que llene todo su chakra del tercer ojo. Visualícela expandiéndose lentamente hasta que finalmente emerja de su frente en un brillante rayo de luz dorada incandescente.
- Observe el hermoso rayo de luz con su ojo interno y note cualquier color o imagen que aparezca dentro de él.
- Simplemente reconozca lo que ve sin juzgarlo.
- Ahora, aun mirando a la luz con su tercer ojo, pregunte a su tercer ojo si tiene un mensaje para usted. Tómese el tiempo que necesite.
- Cuando esté listo, regrese a la realidad con una respiración profunda y abra lentamente los ojos.

De nuevo, no se preocupe si no ve nada las primeras veces que practique esta meditación. Cuanto más usted avance, más fuerte será el rayo de luz y las imágenes y mensajes de su tercer ojo.

Meditación 4: El despertar del tercer ojo y la descalcificación de la glándula pineal

- Siéntese en una posición cómoda y deje que su cuerpo se asiente y se relaje.
- Cierre los ojos, respire profundamente y manténgalo todo el tiempo que pueda, sintiendo la plenitud de sus pulmones. Exhale lentamente por la boca.

- Enfoque completamente el chakra del tercer ojo. Si le ayuda, puede visualizarlo como una pequeña bola de luz.

- Permita que sus sentidos se vuelvan vívidos e intensamente conscientes de todo lo que le rodea; cualquier sonido de fondo como voces o el zumbido de los aparatos eléctricos, el asiento debajo de usted, la sensación de su ropa contra su piel, y cualquier olor que pueda venirle.

- Permita que sus sentidos experimenten plenamente todas estas cosas mientras descarta cualquier pensamiento sobre ellas.

- Visualice que su tercer ojo absorbe y procesa todos estos sonidos, olores y sensaciones.

- Cuando esté listo, termine la meditación respirando profundamente unas cuantas veces.

Esta meditación puede ser practicada diariamente. Energiza tanto el chakra del tercer ojo como la glándula pineal y aumenta la conciencia y los sentidos.

Meditación 5: La respiración atenta es una señal

Esta es una gran meditación para mantenerle en tierra durante todo el día y regularmente atento a su tercer ojo.

- Elija una cierta señal de su vida diaria, como cuando se mire en el espejo o se cepille los dientes; cuando suene el teléfono o haya terminado la llamada. Puede ser cada vez que usted mire por la ventana o escuche el ladrido de un perro o la bocina de un coche. Simplemente elija una señal que ocurra regularmente en su vida diaria, idealmente, más de una.

- Cada vez que aparezcan, respire atentamente durante unos minutos mientras se centra en su chakra del tercer ojo.

- Repita el ejercicio cada vez que se produzca la señal.

- Este ejercicio le permite relajarse y aterrizar su mente hiperactiva mientras que también comprueba su tercer ojo.

Consejos para obtener el máximo provecho de la meditación

Aquí hay algunas sugerencias para ayudarlo a meditar mejor. No son reglas obligatorias, sino solo consejos útiles a tener en cuenta.

Lugar. El lugar ideal para meditar debe ser relajante y acogedor, con el menor ruido o perturbación posible. No tiene que ser necesariamente en el interior. Meditar en la naturaleza con el sonido de los pájaros o las olas que se arrastran hasta la orilla es una experiencia maravillosa. La elección depende de usted: solo un ambiente calmante que resuene con usted.

Tiempo. Es mejor si usted es capaz de meditar a la misma hora cada día; tener un horario de meditación consistente realmente ayuda a fundamentar su mente y crea un patrón regular de tiempo de espera para el cuerpo y la mente. Muchas personas encuentran que tener un horario regular de meditación les da algo que esperar durante un día agitado. Su tiempo de meditación es un refugio tranquilo y energizante de los estragos de la vida diaria.

Posición. Ya sea que usted elija sentarse en el suelo o en una silla, lo importante es que esté totalmente cómodo. La posición ideal es aquella en la que pueda quedarse dormido si lo desea. Siempre dele tiempo a su cuerpo para que se calme y se relaje antes de empezar, ya que si se agita durante la meditación se perderá la concentración.

- Intente aclarar su mente. Conectarse con el chakra del tercer ojo y recibir información del plano superior requiere una extrema claridad y calma de la mente. Esto es más fácil de decir que de hacer, especialmente si usted es nuevo en la meditación. La mejor manera de mantener la claridad es permanecer enfocado en el tercer ojo el mayor tiempo posible durante cada meditación.

- Salir de un estado meditativo es tan importante como entrar en él. Nunca debe abrir los ojos y saltar. Siempre vuelva a enfocarse en el mundo físico lentamente y con unas pocas respiraciones profundas hasta que esté completamente consciente de lo que le rodea.

- Tómese su tiempo. Cada meditación debe durar al menos 30 minutos.

- Use ropa suelta y cómoda, y no use zapatos.

- No se alarme cuando de repente reciba un mensaje o pensamiento conmovedor, de su tercer ojo. Esto puede interrumpir su concentración.
- Aprenda a sentarse en la posición de loto adecuada, ya que permite la mejor alineación del cuerpo.
- Apague los teléfonos celulares, los televisores y otras fuentes de distracción.
- Siéntase libre de explorar otras formas de meditación como la meditación guiada y la meditación con sonidos de la naturaleza o música, o la meditación que incorpora el movimiento físico.
- Disfrute de la experiencia.

Conclusión

Una mente tranquila vibra en una frecuencia que resuena con la frecuencia de la intuición. Cuanto más usted medite, más aprenderá su mente a estar tranquila y silenciosa, permitiendo que la intuición se escuche más claramente. A medida que su tercer ojo comience a abrirse y a recibir energía, también lo harán sus sentidos. Usted comenzará a desarrollar una percepción clara como el cristal, así como más y más momentos de poderosa intuición.

Usted se encontrará viviendo más en el momento presente, ya que estas meditaciones son también grandes para impulsar la atención. Estos cambios graduales serán toda la motivación que necesita para hacer de la meditación una parte de su rutina diaria.

Capítulo cinco: El chakra del tercer ojo y la vida cotidiana: Cómo nutrir el tercer ojo

Despertar el tercer ojo y curar la glándula pineal no es el final del viaje. Es un proceso continuo de equilibrio, fortalecimiento y nutrición del chakra del tercer ojo para mantenerlo abierto y energizado. Su mejora personal y el logro de su ser superior es un trabajo perpetuo en progreso. Este capítulo tratará una variedad de métodos para mantener el chakra del tercer ojo saludable.

Afortunadamente, estos métodos y técnicas pueden ser fácilmente incorporados en su estilo de vida. La idea es que cualquiera de estos métodos que usted elija adoptar, deben convertirse en hábitos que van de la mano con la meditación. El resultado será una poderosa y efectiva rutina que le permitirá nutrir su asombroso tercer ojo continuamente.

Chakra del Tercer Ojo: Alimentos nutritivos

El chakra del tercer ojo está relacionado con el reino espiritual más que con el físico. Esto puede llevarlo a pensar que no está influenciado por sus actividades físicas, es decir, la comida que come. De hecho, hay una serie de "súper alimentos" específicos que pueden mantener el chakra del tercer ojo equilibrado y desbloqueado. Comer una combinación de estos alimentos mantiene su intuición fuerte, y su percepción abierta.

Además, el tercer ojo resuena con la belleza. Crea o no, la forma en que organiza su comida en el plato, y la integración de diferentes colores puede realmente traer alegría a su tercer ojo. Por suerte, la lista de alimentos que promueven la salud del chakra del tercer ojo es larga y variada, con algo para cada uno. No es necesario seguir una dieta restrictiva o privarse de ninguna manera. Solo asegúrese de comer lo más que pueda de los siguientes alimentos:

1. Los alimentos de color índigo, violeta y púrpura son buenos para la glándula pineal y, a su vez, para el chakra del tercer ojo. También son excelentes para regular la presión sanguínea y son poderosos antioxidantes que mantienen a su cerebro en un estado óptimo de salud. Estos incluyen:

- La berenjena.
- Uvas moradas.
- Arándanos.
- Higos.
- Col morada.
- Ciruelas pasas.
- Ciruelas.
- Cebollas moradas.
- Uvas pasas.
- Repollo morado.
- Moras.

Se dice que los pigmentos de color de estos alimentos representan los sueños, los pensamientos internos y la armonía interna con el universo.

2. El chocolate oscuro aumenta la claridad del cerebro y contiene serotonina, una hormona que mejora el estado de ánimo. Intente tomar un trozo antes de meditar para aumentar su concentración y mejorar su disfrute.

De hecho, tome todo el chocolate negro que quiera cuando esté en el proceso de despertar el chakra del tercer ojo.

Nota: La palabra clave aquí es chocolate "oscuro", no chocolate con leche o blanco.

3. **Los frutos secos y las semillas** son conocidos por ser poderosos nutrientes para el cerebro que ayudan a la concentración y la claridad. Las semillas de calabaza y las almendras se recomiendan específicamente.

4. **El pescado** contiene ácidos grasos Omega-3, otro gran nutriente cerebral que mejora la atención y la concentración. Intente comer pescado al menos dos veces por semana cuando esté trabajando en la apertura del tercer ojo y una vez por semana después de eso.

5. **Las hierbas y especias** mantienen la salud del sistema nervioso y mejoran los sentidos. Las semillas de amapola, artemisa, enebro, romero y menta son especialmente potentes. La cúrcuma se ha utilizado desde la antigüedad también para promover la salud general del cerebro.

6. **Beber mucha agua** es algo que todos sabemos que debemos hacer, pero ¿cuántos de nosotros realmente recordamos beber suficiente durante el día? Es importante mantener el cuerpo hidratado a lo largo del día para mantener la mente clara y concentrada. El agua es también la mejor manera de ayudar al cuerpo a eliminar regularmente las toxinas. Siempre beba un vaso de agua antes de meditar.

En general, una dieta sensata y saludable que contenga muchas frutas frescas, verduras y grasas saludables mantendrá todo el sistema de chakras abierto y equilibrado, y le permitirá gozar de una mejor salud.

El ejercicio físico y la naturaleza

Esto es algo obvio. Un cuerpo sano es igual a una mente sana, lo que conduce a un sistema de chakras equilibrado. Puede que usted ya esté practicando algún tipo de ejercicio físico o participando en un deporte específico, lo cual es genial.

Cualquier forma de ejercicio mantendrá la energía fluyendo y sus chakras equilibrados. Sin embargo, es posible que desee considerar las siguientes actividades físicas que están específicamente en armonía con la salud del tercer ojo:

Baile. La danza aumenta la creatividad y la percepción mientras que también tonifica el cuerpo. Cualquier forma de danza es beneficiosa para la salud del tercer ojo, incluyendo los aeróbicos de estilo danza.

Gimnasia. Los ejercicios que desafían el equilibrio y la coordinación son excelentes para equilibrar los chakras.

Yoga. El yoga es, de lejos, el mejor ejercicio físico para el tercer ojo. Esto se debe a que los movimientos y posiciones del yoga están específicamente orientados a abrir el sistema de chakras y permitir un flujo de energía sostenido entre todos los chakras. También promueve la flexibilidad física y tonifica el cuerpo. Considere la posibilidad de tomar una clase de yoga para principiantes si esto le resulta útil.

La naturaleza. Cualquier tipo de ejercicio que usted pueda practicar al aire libre en la naturaleza es maravilloso para la salud de los chakras del tercer ojo. Caminar, nadar, escalar, pasear por la naturaleza y montar en bicicleta son las actividades perfectas para promover la salud física y espiritual. Conseguirá el beneficio del aire fresco, la paz interior de la comunión con la naturaleza, y un buen entrenamiento para sus músculos.

Lleve un diario de sueños

Tener sueños psíquicos es uno de los signos más significativos de que su tercer ojo está abierto. Cuando se despierta, envía vibraciones a través de su sistema que permiten al cuerpo físico separarse del acto de soñar, permitiendo que los sueños vengan directamente del tercer ojo.

Mientras que algunas personas pueden recordar sus sueños muy vívidamente, otras solo recuerdan detalles vagos o no pueden recordar sus sueños en absoluto.

Sin embargo, el despertar del tercer ojo suele hacer que la experiencia del sueño sea más vívida, por lo que usted puede esperar recordar sus sueños con bastante claridad.

Llevar un diario de sueños le permitirá controlar sus sueños para reconocer cualquier mensaje o símbolo significativo. Revisar el contenido y el desarrollo de sus sueños también le ayudará a separar los sueños normales de los psíquicos.

Sueños normales vs. psíquicos

A menudo, nuestros sueños no tienen sentido. Los sueños psíquicos son cuando se nos dan mensajes claros de nuestro tercer ojo sobre ciertas personas o eventos futuros. Busque lo siguiente en sus sueños:

- Cosas que tengan un fuerte simbolismo o significado para usted. Esta es la forma en que el tercer ojo le alerta de que el sueño es diferente.

- Los sueños psíquicos son sorprendentemente vívidos. Puede recordar cada detalle con claridad. La próxima vez que usted tenga un sueño tan vívido, podría muy bien ser un mensaje de otro reino.

Es por eso que llevar un diario de sueños puede ser extremadamente útil. Es una gran manera de revisar la progresión de sus sueños mientras su chakra del tercer ojo se despierta. Usted aprenderá a reconocer los patrones de los sueños y analizar los sueños que no se ajustan al patrón, ya que pueden contener mensajes.

Llevar un diario de sueños requiere unos minutos de su tiempo cada mañana. Tan pronto como se despierte, registre los sueños que recuerde de la noche anterior. Intente recordar tantos detalles como sea posible.

Para cada sueño, anote cualquier simbolismo personal que crea importante y lo que crea que significa.

En los días en que no pueda recordar sus sueños, simplemente anote la fecha sin una entrada.

Cada semana o dos, revise sus entradas y busque patrones en sus sueños, símbolos recurrentes y posibles mensajes.

Luz índigo

La luz índigo es la luz asociada con el chakra del tercer ojo. También es llamado Azul Real. El índigo es el color de la sabiduría interior y el conocimiento profundo y nos abre a experimentar dones espirituales especiales.

Para nutrir el chakra del tercer ojo con la luz índigo, debemos recurrir a la noche. Una noche estrellada o de luna es la mejor manera de exponer todo el cuerpo a este poderoso color. Mirar las estrellas, la luna y meditar bajo el cielo nocturno son formas ideales de disfrutar del milagroso poder de la luz índigo.

Usando los colores del tercer ojo en su casa

El color índigo es una combinación de los dos colores violeta y azul profundo. Rodearse de estos colores en su casa (y en su oficina u otro espacio personal) asegurará que su tercer ojo esté constantemente expuesto a sus colores asociados y a sus vibraciones curativas en todo momento. Esto mantendrá el chakra del tercer ojo desbloqueado y saludable porque si lo recuerda, ama la belleza y reconoce sus colores asociados como hermosos.

Incorpore tonos de índigo, púrpura y azul en la decoración de su casa donde pueda. Esto puede ser en el arte de la pared, alfombras, almohadas, cortinas o colchas. Si naturalmente usted ama estos colores, puede incluso usarlos en los muebles o como los colores de las paredes.

Considere los ritmos binaurales

Los ritmos binaurales son bandas sonoras diseñadas específicamente para ayudar al cerebro a entrar en un estado de longitud de onda específico. Usted debe escucharlos a través de los auriculares. Las pistas están diseñadas para enviar un tono o frecuencia de sonido específico al oído derecho y un tono diferente al oído izquierdo.

Los dos tonos trabajan juntos para ayudar a su cerebro a establecerse en la longitud de onda deseada. Su cerebro actualmente procesa las dos frecuencias y luego crea una tercera frecuencia, que es el ritmo binaural.

Los ritmos binaurales se usan para aumentar la concentración del cerebro, incrementar la productividad, y aliviar la depresión y la ansiedad, y para promover una mejor calidad de sueño. La investigación sobre esta forma de "terapia de sonido", si se quiere, es bastante inconclusa.

Sin embargo, tal vez quiera probar los ritmos binaurales. Los usuarios han reportado una mejor calidad de sueño y alivio del estrés y la ansiedad. Los ritmos binaurales pueden ayudar a promover la energía del chakra del tercer ojo simplemente permitiendo que el cerebro vibre a una frecuencia más tranquila. Es muy poco probable que los ritmos binaurales sean muy beneficiosos por sí solos, pero tomados en combinación con la meditación y otras técnicas, pueden ser perfectos para usted.

La mejor manera es experimentar con diferentes frecuencias y ver qué sucede. Hay una variedad de pistas disponibles en línea, así como aplicaciones de ritmos binaurales, que son bastante baratas.

También puede incorporar el índigo, el azul oscuro y el púrpura en su armario y usar joyas que contengan piedras preciosas o semipreciosas de estos colores. La plata es el metal que mejor resuena con el tercer ojo, así que la joyería de plata incrustada con estas piedras es una buena elección.

Aromaterapia

Los aceites esenciales son maravillosos en muchos niveles. Los escépticos los ven como una especie de perfume glorificado, pero en realidad, la ciencia ha confirmado sus propiedades terapéuticas a través de cientos de estudios. Los nervios olfativos están directamente conectados al cerebro y cuando se inhalan los aceites esenciales, se transmiten muy rápidamente a la zona, donde sus propiedades curativas surten efecto muy rápidamente.

Los aceites esenciales tienen cualidades calmantes, energizantes y de alivio del dolor que van desde calmar la ansiedad, aliviar la depresión y promover el sueño, hasta aumentar la concentración, entre otras cosas.

No hace falta decir que ciertos aceites esenciales son extremadamente beneficiosos para la salud del chakra del tercer ojo. Sus maravillosas fragancias limpiarán, nutrirán y equilibrarán, mientras llenan su hogar con una sutil fragancia que a todo el mundo le encantará. Pruebe los siguientes aceites esenciales:

- Nuez moscada.
- Sándalo.
- Mirra.
- Toronja.
- Lavanda.
- Manzanilla.

Cómo usar los aceites esenciales

- Los aceites esenciales se pueden usar en un difusor para que se inhale el aroma.
- Pueden ser usados en un baño caliente para una experiencia refrescante y relajante.
- Intente rociar la ropa de cama con una ligera neblina de aceite esencial, para que pueda inhalar la fragancia mientras duerme. También puede colocar un algodón empapado en unas gotas de aceite en su mesita de noche.
- Utilice los aceites esenciales durante la meditación para una experiencia más profunda.
- Utilice unas pocas gotas en la parte interior de sus codos. Su fragancia permanecerá con usted durante la mayor parte del día.
- Ponga una gota de aceite esencial directamente en el chakra del tercer ojo.
- Puede combinar dos o tres de los aceites mencionados anteriormente para obtener una mayor variedad. Juegue y mire cuáles resuenan más con sus sentidos.

Nota: utilice siempre un aceite portador cuando utilice los aceites esenciales directamente sobre la piel y tenga mucho cuidado de que no le entre en los ojos.

Considere la posibilidad de hacer yoga

Tocamos el tema del yoga a la ligera en una sección anterior. El yoga es un vasto reino que consiste en varias escuelas y prácticas.

Sin embargo, si desea considerar el yoga como un tema adicional, aquí están los fundamentos que usted necesita saber:

• El yoga se ha utilizado desde la antigüedad para sanar, abrir y equilibrar el sistema de chakras.

• Hay posiciones específicas de yoga o "asanas" que se utilizan para abrir y desbloquear el chakra del tercer ojo. La mayoría de estos asanas pueden ser practicadas por principiantes.

Hay docenas de técnicas sencillas de yoga para principiantes en YouTube: entonces, en lugar de apresurarse a inscribirse en una clase, intente practicar junto con algunos de estos videos. (Busque posturas de yoga diseñadas para abrir el chakra del tercer ojo). Si cree que el yoga es algo en lo que puede iniciarse, considere una clase para principiantes.

Utilizar cristales y piedras para la curación del chakra del tercer ojo

Los cristales y las piedras contienen energía vibratoria que resuena en los distintos chakras. Utilice los cristales y piedras en los colores asociados con el chakra del tercer ojo para mejorar la intuición y nutrir el ojo de su mente con energía de limpieza.

Se recomiendan las siguientes piedras y cristales:

Amatista. Esta preciosa gema se ha usado tradicionalmente para curar el chakra del tercer ojo. También se cree que aumenta la sabiduría.

Sodalita. Esta piedra azul oscura estimula la glándula pineal y ayuda a desarrollar los dones psíquicos. También promueve la intuición y la claridad.

Fluorita púrpura. Esta es una piedra semipreciosa que promueve la claridad de pensamiento y aumenta la intuición.

Cianita índigo. Esta piedra contiene una poderosa energía para la glándula pineal y ayuda a desarrollar los dones psíquicos. También trabaja para equilibrar y alinear todo el sistema de chakras.

Obsidiana negra. Este hermoso cristal se utiliza para promover el equilibrio del chakra del tercer ojo.

Lapislázuli. Esta hermosa piedra es perfecta para usar en joyería, como aretes o anillos. Contiene maravillosas propiedades curativas para el chakra del tercer ojo y también calma la mente.

Moldavita. Esta es una piedra semipreciosa de color verde oscuro. Aunque no está directamente relacionada con el chakra del tercer ojo, su energía vibratoria ayuda a aclarar los pensamientos negativos y a limpiar todos los chakras.

Azurita. Esta es otra piedra azul que ayuda a desarrollar habilidades psíquicas. También ayuda a promover estados meditativos profundos y es bueno tenerla en la mano o tenerla a su lado cuando medita.

Las piedras y los cristales pueden ser usados en joyas o llevados en su bolsillo o bolso, sostenidos en su mano o colocados directamente en el chakra del tercer ojo durante la meditación.

Usted puede comprar cristales no preciosos de color púrpura e indio y colocarlos en tazones alrededor de su casa o en su oficina. Colóquelos en su chakra del tercer ojo durante unos minutos incluso cuando no esté meditando, para disfrutar de su energía curativa.

Practique las afirmaciones

Las afirmaciones son declaraciones que usted se repite a sí mismo para potenciar su mente y reemplazar las creencias limitantes por otras positivas. Se dirigen a cualquier área de su vida que desee mejorar, como la confianza en sí mismo, las adicciones a la comida, el exceso de pensamiento y la productividad, entre otras cosas. De la misma manera, las afirmaciones positivas pueden ser usadas para sanar, nutrir y potenciar el chakra del tercer ojo y expandir su conciencia.

Las afirmaciones básicamente funcionan para reconfigurar su cerebro. Cuando se repiten una y otra vez, el cerebro aprende a creer que son verdaderas. Crea vías neuronales relacionadas con estas afirmaciones, que percibe como verdades. El cerebro entonces actúa sobre esas verdades, cambiando su percepción y comportamiento. Este es un proceso llamado neuroplasticidad, donde el cerebro literalmente aprende a imponer una cierta creencia, y desencadenar sus acciones y emociones en consecuencia. Basta decir que las afirmaciones no son una moda falsa, sino herramientas muy poderosas que se utilizan en muchos campos de la psicoterapia, así como en varios programas de rehabilitación.

Las afirmaciones tienen tres reglas básicas que deben ser seguidas:

• Deben declararse en voz alta. No necesariamente a todo volumen. Susurrarlas a uno mismo está bien; siempre y cuando se pronuncien físicamente.

• Deben declararse con convicción.

• Siempre deben estar en tiempo presente (y a veces en tiempo futuro), pero nunca en tiempo pasado.

Algunos proponentes enfatizan que las afirmaciones deben ser declaradas mientras se está frente a un espejo y se mira a los ojos. Sin embargo, esto no está tallado en piedra y, comprensiblemente, puede resultar demasiado incómodo para algunas personas. Si usted es nuevo en las afirmaciones, espere sentir alguna incomodidad al principio. Solo apéguese a ella, y pronto aprenderá a repetirlas con propósito y completa convicción.

En el chakra del tercer ojo, las afirmaciones deben centrarse en la espiritualidad, la intuición y el entendimiento. Aquí hay algunos ejemplos:

"Sigo mi intuición y sé que me llevará a mi propósito superior".
"Soy perspicaz e intuitivo".
"Siempre vivo en el momento presente".
"Confío completamente y permito que mi ojo interno me guíe".

"Con cada día, mi ojo interno se vuelve más poderoso".
"Permito que mis dones internos vengan libremente a mí".
"Me siento más poderoso cuando mi tercer ojo florece".
"Expando mi conciencia a través de mi tercer ojo".
"Nutro mi espíritu".
"Estoy abierto a la sabiduría de mi tercer ojo".
"Confío en que mi vida se desarrolla exactamente como debería".
"Estoy alineado con la sabiduría universal divina".
"Honro mi intuición".
"Libero todas las ilusiones".
"Estoy conectado con mi ser superior".
"Cada día, estoy mejorando mis dones y habilidades psíquicas".
"Tengo una completa claridad mental en todo lo que hago".

Estos ejemplos deben dar una idea de cómo se deben decir las afirmaciones. Elija tres o cuatro y asegúrese de repetirlas siempre que pueda a lo largo del día, cuanto más a menudo, mejor. Póngalas en su nevera o en el escritorio de su ordenador, donde pueda verlas con frecuencia y recuerde repetirlas. Repita las afirmaciones que ha elegido durante una semana, luego elija una nueva lista para repetirla durante otra semana, y así sucesivamente. Y por supuesto, siéntase libre de escribir sus propias afirmaciones para trabajar en las áreas que considere importantes para usted.

Conclusión

Experimente con las técnicas adicionales discutidas en este capítulo o con todas ellas para hacer su transformación más poderosa. Algunas de las técnicas como la dieta y el ejercicio son de sentido común. Otras, como el yoga y las afirmaciones, requieren práctica y compromiso. Pero todas ellas son poderosas adiciones a su rutina de meditación y ejercicio y no son difíciles de adoptar como parte de su estilo de vida. Sea creativo, diviértase experimentando con aceites esenciales y cristales, disfrute de una relajante velada al aire libre observando las estrellas, y dé rienda suelta a su creatividad añadiendo colores del chakra del tercer ojo a su casa y a su armario. Y en el proceso, sorpréndase con los cambios que comenzará a experimentar.

Capítulo seis: Equilibrando los siete chakras

El chakra del tercer ojo no funciona completamente aislado. Es parte del sistema general de chakras que atraviesa nuestros cuerpos. La buena salud de todo el sistema de chakras es por lo tanto vital si queremos despertar el tercer ojo con éxito.

Siglos antes de que se conociera la ciencia, las culturas antiguas entendían que todos los seres vivos tenían una fuerza vital que fluía a través de ellos. La fuente de esta energía cósmica o fuerza vital era el sistema de chakras. Esta energía cósmica o fuerza vital se llama "prana". Las culturas antiguas creían que los chakras trabajaban juntos para regular el flujo del prana. Los chakras derivan esta fuerza vital de la energía divina del cosmos, que los recarga continuamente.

Los siete chakras son centros de energía no física que corren verticalmente a lo largo del cuerpo como un circuito, a través del cual fluye la energía cósmica.

¿Cuál es el propósito de los siete chakras?

Los siete chakras están alineados desde la parte superior de la cabeza hasta la base de la columna vertebral. Su función es conectar el cuerpo físico con el cuerpo espiritual regulando el flujo de la energía cósmica a través de una red de meridianos.

¿Por qué equilibrar los chakras?

Nuestro cuerpo y nuestra mente son interdependientes. Ambos están influenciados por nuestra propia energía. El sistema de chakras es una brillante compartimentación de los campos de energía prana que puede afectarnos física y emocionalmente. Por eso los chakras necesitan estar alineados y equilibrados.

El estrés, la ansiedad, los problemas emocionales y de salud pueden causar que los chakras se bloqueen, de modo que el prana ya no puede moverse libremente entre los chakras. Como resultado, podemos experimentar muchos síntomas de este desequilibrio, tales como aislamiento emocional, depresión, creatividad sofocada y rigidez mental, además de varios problemas físicos.

Mantener los chakras abiertos y equilibrados permite que el prana fluya libremente por el cuerpo, manteniéndolo sano física y espiritualmente. Aprender sobre los chakras le permitirá estar en sintonía con los signos y síntomas de que uno o más de ellos están bloqueados, y lo que puede hacer para equilibrarlos.

Los siete chakras

Al igual que el chakra del tercer ojo, se cree que los otros seis tienen funciones y asociaciones específicas dependiendo de su ubicación.

El Primer Chakra: Chakra Raíz (Muladhara)

En sánscrito, la palabra "mula" significa "raíz", mientras que la palabra "adhara" significa "soporte". Se encuentra en la base de la columna vertebral, y su función es "arraigar" o conectar su energía con la tierra. En otras palabras, le mantiene conectado a tierra, y esto es muy acertado.

El chakra de la raíz está asociado con la supervivencia básica. Esto significa comida, agua, refugio y ropa a un nivel muy básico, para protegerse de los elementos. Hoy en día, podríamos añadir a eso la seguridad financiera, la seguridad de la carrera profesional, y la salud. Cuando el chakra de la raíz está equilibrado, le da una sensación de seguridad y gratitud por todas las cosas materiales que tiene y que le hacen sentirse seguro y cómodo. Cuando está bloqueado o hiperactivo, el resultado es miedo, preocupación, inseguridad y pánico irracional por la supervivencia.

El chakra de la raíz está asociado con el color rojo.

El Segundo Chakra: Sacro (Svadhisthana)

La traducción al sánscrito es "lugar del yo", y simboliza su identidad y todas las diferentes formas en que expresa esa identidad. La función de este chakra es enriquecer su vida activando y reforzando su creatividad. Es la fuente de un prana creativo que le permite divertirse y disfrutar de los placeres de la vida.

Cuando este chakra está equilibrado, usted disfrutará de todas las cosas buenas que la vida tiene para ofrecer; la amistad, una rica vida social, buena comida, música y arte.

Si se bloquea, puede que se sienta sin vida y sin energía y vitalidad. Si es hiperactivo, puede que se exceda, especialmente en la comida, lo que puede llevar a un atracón o a la obesidad. El chakra es normalmente la raíz de muchos tipos de adicciones también, cuando se vuelve hiperactivo.

El chakra sacro se encuentra directamente debajo del ombligo y se extiende hasta la mitad del estómago. Está asociado con el color naranja.

El Tercer Chakra: Plexo Solar (Manipura)

En sánscrito, Manipura significa "gema lustrosa". Aquí es donde reside su fuerza interior, su resistencia y su confianza en sí mismo. El chakra del plexo solar le alimenta con la confianza y la fuerza para superar la adversidad y evitar situaciones dañinas o desagradables. Es básicamente el asiento de su resiliencia.

Cuando este chakra está bloqueado, tendemos a volvernos indecisos, abrumados e incapaces de hacer frente a situaciones difíciles. Cuando está hiperactivo, puede haber una tendencia a ser demasiado confiado, a tomar decisiones precipitadas, o a precipitarse de frente a las cosas sin pensarlas bien.

Se encuentra en el centro del vientre y se asocia con el color amarillo.

El Cuarto Chakra: Corazón (Anahata)

La traducción sánscrita de anahata es "ileso". La función de este chakra es fomentar sus sentimientos de amor, compasión, amabilidad y empatía. También se asocia con la salud física y mental, así como con la curación.

Como chakra del medio, tiene un significado especial; conecta los chakras inferiores asociados con el reino físico, con los chakras superiores asociados con el reino espiritual.

Cuando el chakra del corazón está equilibrado, todo está bien consigo y con el mundo. Usted está en perfecta armonía con el universo, e irradia amor, tolerancia y bondad a todos los que le rodean.

Los síntomas de un chakra del corazón desequilibrado incluyen el egoísmo y una tendencia a la indulgencia excesiva. También puede crear sentimientos de celos y envidia. A nivel físico, las palpitaciones cardíacas, la acidez frecuente, las atracciones poco saludables y las relaciones destructivas son síntomas de desequilibrio.

Se encuentra en el centro del pecho, exactamente encima del corazón físico, y su color asociado es el verde.

El Quinto Chakra: Garganta (Vishuddha)

Vishuddha significa literalmente "muy puro" en sánscrito. Simboliza la voz de su yo superior y su verdad. Le permite ser honesto sin miedo y siempre decir la verdad. También se relaciona con la expresión del pensamiento y le permite hablar de forma articulada y con conocimiento de causa.

Cuando el chakra de la garganta no está en equilibrio, podemos sentirnos insignificantes, no escuchados o ignorados. Tener problemas para articular las palabras adecuadas en una situación dada es otro síntoma de desequilibrio. Los síntomas físicos incluyen infecciones de la garganta y problemas con los dientes, las encías y los senos nasales. A veces, este chakra puede volverse hiperactivo, en cuyo caso, una persona puede hablar demasiado alto o tener tendencia a interrumpir a los demás.

Como su nombre lo indica, se encuentra en el área de la garganta, y su color es azul.

El Sexto Chakra: Tercer Ojo (Ajna)

¡No hay necesidad de más detalles aquí!

El Séptimo Chakra: Corona (Sahaswara)

La traducción del sánscrito es "mil pétalos", y simboliza la energía pura espiritual y consciente. Se cree que es la fuente de conexión con el cosmos. Este chakra sagrado se representa comúnmente como una flor de loto.

No es fácil conseguir un chakra de la corona perfectamente equilibrado. De hecho, es imposible abrirlo completamente según las filosofías antiguas, porque los niveles de conciencia que abre están más allá de la capacidad humana.

El chakra de la corona está asociado con una conciencia extremadamente elevada, la liberación de creencias limitantes, sentimientos de dicha y éxtasis, y comunión con lo divino. La escuela filosófica tántrica cree que el chakra de la corona nos conecta con lo eterno. Es el punto de conexión entre el presente, el futuro y el infinito.

Los síntomas de un chakra de la corona bloqueado incluyen depresión, codicia, disociación, una personalidad dominante y comportamiento destructivo. Los síntomas físicos incluyen trastornos de la glándula pituitaria, fatiga crónica, pérdida de cabello y migraña. Las manifestaciones más graves pueden incluir tumores cerebrales y cáncer. Existe la teoría de que un chakra de la corona bloqueado también puede manifestarse en tendencias ateas y el rechazo de todo lo espiritual y divino.

Sin embargo, equilibrar el chakra de la corona es totalmente posible e importante para mantener los otros chakras alineados.

Está situado en la parte superior de la cabeza, y su color es el violeta.

Señales y síntomas de un sistema de chakras bloqueado

Obviamente, una obstrucción en uno o varios chakras puede afectar su flujo de energía. Es esencial trabajar en la curación de los chakras individuales que manifiestan los síntomas mencionados anteriormente, ya que indican un bloqueo grave o hiperactividad. Pero a veces, todo el sistema de chakras puede necesitar una puesta a punto para reequilibrar y sincronizar todos los chakras.

Los síntomas pueden variar dependiendo de qué chakra necesita atención particular, pero las siguientes son señales generales de advertencia de que sus chakras requieren atención.

- Dificultad para expresar y articular los sentimientos.
- Inseguridad personal y financiera.
- Dificultad para abrirse en una relación.
- Dolor de hombro.
- Mala imagen de sí mismo.
- Poca confianza en sí mismo.
- Problemas digestivos.
- Problemas de peso.
- Fatiga crónica.
- Miedo al rechazo.
- Codicia excesiva.
- Dificultad para ser asertivo.
- Problemas linfáticos.
- Depresión.
- Hipersensibilidad a la luz y al sonido.
- Problemas hormonales.
- Sentimientos de aislamiento y soledad.
- Celos excesivos.
- Infecciones de garganta.
- Falta de motivación.

- Excesivo pesimismo y cinismo.

Equilibrando los siete chakras

Si usted reconoce un síntoma de un chakra desequilibrado, es una buena idea trabajar en él como parte del despertar general del tercer ojo. Aquí hay algunos pasos básicos, pero efectivos, para equilibrar cada chakra:

Equilibrando el Chakra Raíz

- Consiga tanta seguridad como pueda en relación con sus medios de supervivencia, como ahorrar para el futuro, pagar las facturas a tiempo y asegurarse de que tiene las necesidades básicas. Esto suena bastante mundano, pero recuerde, este chakra está relacionado con su supervivencia en la tierra.

- Las meditaciones del tercer ojo que usted ha aprendido aquí le serán útiles, porque conectarse a uno de los chakras espirituales sanará y equilibrará el chakra de la raíz.

- Pasar tiempo en la naturaleza también calmará y abrirá el chakra de la raíz, que está estrechamente relacionado con la Madre Tierra. También se recomienda el cultivo de plantas, la jardinería, la recolección de bayas silvestres y otras actividades relacionadas.

Equilibrando el Chakra Sacro

- La moderación es la clave para equilibrar este chakra. Una dieta saludable y una rutina de ejercicios son la clave para curar y equilibrar este chakra. Complázcase y disfrute, pero con moderación.

- Disfrute de la vida a través de experiencias viajando, leyendo, tomando clases creativas, y yendo a galerías de arte. Esto ayuda a equilibrar el chakra sacro conectándolo con los más finos disfrutes de la vida.

- Haga tiempo para apreciar y pasar tiempo con sus seres queridos.

Equilibrar el Chakra del Plexo Solar

- Este chakra está estrechamente relacionado con el chakra del tercer ojo en sus asociaciones. Por lo tanto, equilibrar el tercer ojo tendrá un efecto positivo en el chakra del plexo solar. Se fortalecerá con la energía de la sabiduría y la verdad interna que emana del tercer ojo, causando que también se equilibre.

- Si usted tiene una tendencia a hablar en exceso o a interrumpir a los demás, elija un día para escuchar a los demás y haga una pausa para elegir sus palabras cuando hable.
- Haga una lista de todas las cosas en las que cree que es bueno y cree afirmaciones para fomentar su creencia en sí mismo.

Equilibrando el Chakra del Corazón

- Uno de los síntomas de un chakra del corazón desequilibrado es ser demasiado desinteresado o demasiado egoísta.
- Si usted pasa demasiado tiempo haciendo cosas para otros, use algo de ese tiempo para nutrirse y amarse a sí mismo. Salga a comer con amigos, pase el día en un spa, o simplemente tome un baño caliente con unas gotas de aceite esencial que cura los chakras. Si tiene la tendencia a ser un poco egoísta, practique salir de su camino para ser amable con los demás, sonría a los extraños en la calle o haga cumplidos a los colegas, pero debe ser sincero al respecto.

Equilibrando el Chakra de la garganta

- Practique la expresión de sus emociones con calma y articuladamente.
- Sea sincero con los demás; no haga falsos cumplidos ni diga mentiras piadosas.
- Practique hablar con claridad, incluso si es consigo mismo.

Equilibrando el Chakra de la Corona

No hay una forma específica de equilibrar este chakra, ni puede volverse hiperactivo. Esto se debe a que los poderes asociados a él son realmente demasiado altos para afectarnos como seres humanos. Este chakra simplemente no puede abrirse completamente, aunque muchos espiritistas apasionados han hecho de esto su objetivo en la vida.

Dicho esto, usted necesita mantener el chakra de la corona sano, equilibrando los otros y trabajando en su desarrollo espiritual, como la apertura del tercer ojo.

Puede trabajar más en el equilibrio de los chakras usando los otros métodos discutidos aquí, incluyendo la meditación, las afirmaciones, y el uso de los cristales, colores, alimentos y aceites esenciales asociados.

Qué se puede esperar

Lo que usted experimentará una vez que todos sus chakras estén alineados es nada menos que asombroso. Aquí hay algunas de las cosas que puede esperar:

- Sentirse profundamente relajado.
- Tener más energía.
- Tener una mente tranquila, y ser capaz de pensar más claramente.
- Sentirse más optimista sobre el futuro.
- Una sensación de expansión y apertura.
- Reducción del miedo y la ansiedad.
- Mejor estado de ánimo.
- Mejora de los dolores y molestias.
- Aumento de la percepción.
- Mejor sueño.
- Una sensación de estar en armonía con la vida.

Meditaciones básicas para equilibrar y alinear los chakras

Estas son dos de las meditaciones más fáciles y comunes para alinear el sistema de chakras y mejorar rápidamente el bienestar general.

Meditación 1

- Siéntese cómodamente con la espalda recta. La posición de loto con las piernas cruzadas es ideal para esta meditación, pero una silla cómoda de espalda recta también está bien. Asegúrese de que sus piernas estén estiradas en una posición cómoda.

- Cuando esté completamente cómodo, comience a respirar lentamente, atrayendo el aire tan profundamente como pueda hacia su cuerpo.
- Concéntrese completamente en su respiración y siéntala moverse lentamente por su columna vertebral mientras inhala, hasta que llegue al chakra de la corona. Siéntalo moverse de nuevo hacia abajo de su columna vertebral mientras exhala.
- Repita esta parte de la meditación veinte veces.
- Ahora, se detendrá y visualizará cada chakra. Comience en la base de su columna y el chakra de la raíz y visualice su color (rojo).
- Visualice la energía que fluye de su cuerpo hacia el chakra de la raíz y gradualmente llénelo hasta que brille en rojo brillante.
- Cuando esté listo, suba al chakra sacro y visualice la energía del prana llenándolo hasta que brille con su color asociado.
- Continúe la meditación con cada chakra y termine con el chakra de la corona.
- Puede elegir terminar la meditación en este punto o repetir la visualización, esta vez, bajando por la columna y terminando con el chakra de la raíz.
- Cuando usted haya terminado, conéctese a la tierra con unas pocas respiraciones profundas.

Meditación 2
- Acuéstese en un lugar tranquilo, ya sea en su cama, afuera en el pasto o en cualquier otro lugar donde se sienta tranquilo y en paz.
- Respire profundamente durante unos minutos, liberando toda la tensión y el estrés de su cuerpo.
- Establezca la intención, "Ahora voy a equilibrar y alinear mis chakras".
- Coloque una mano en el chakra de la raíz en la parte inferior de su columna vertebral y la otra mano en el chakra sacro por encima de él.

- Mantenga sus manos descansando en estos dos chakras hasta que sienta que la energía entre ellos se ha igualado. Esto puede ser una ligera sensación de calor o pulsación. Si no siente nada, no se preocupe. Solo mantenga las manos sobre los dos chakras hasta que sienta que está listo para seguir adelante.
- Manteniendo una mano en el segundo chakra, mueva su mano hasta el tercer chakra y repita.
- Continúe subiendo el sistema de chakras hasta que llegue al chakra de la corona.
- Continúe recostado allí, y después de unos minutos, debería experimentar una sensación de bienestar y un ligero cambio de energía en su cuerpo.

Conclusión

Todos sus chakras trabajan juntos para igualar e integrar su salud física, emocional y espiritual. Dedicar algo de tiempo a equilibrar sus chakras regularmente es un tiempo bien empleado. Usted sentirá los efectos de un sistema de chakras equilibrado y alineado casi de inmediato.

Manteniendo sus chakras equilibrados lo mantendrá en sintonía con su ser interior y aumentará su autoconciencia. Esta es la verdadera piedra angular de la felicidad y el bienestar interior.

Capítulo siete: Cómo leer las auras

El despertar de su tercer ojo abrirá la puerta a fascinantes dones espirituales. Esté preparado para recibir estos regalos con gratitud y alegría y úselos sabiamente. Uno de ellos es la capacidad de ver y leer las auras. Este es un poderoso regalo que se debe tener si se usa correctamente y con buenas intenciones.

¿Qué son las auras?

Cada criatura que respira oxígeno, incluyendo las plantas, tiene un aura. Esta ha sido la creencia tradicional, y ahora se ha demostrado científicamente.

Un aura es una energía magnética no física, que emana de un cuerpo y lo rodea en una especie de halo. Intente frotarse las manos vigorosamente durante unos minutos y juntar las puntas de los dedos. La ligera chispa de energía que usted siente es en realidad la energía de su aura. Al igual que se puede sentir, un aura también se puede ver.

Aunque la mayoría de las personas no pueden ver las auras, hay quienes pueden percibirlas como un campo vívido de energía que rodea el cuerpo. Un aura no se mueve, pero a veces puede verse vibrando sutilmente como si estuviera viva. Un aura típica con todas sus capas puede extenderse varios metros alrededor del cuerpo. En realidad, tiene siete capas diferentes que contienen información específica.

El aura no emana del cuerpo físico, pero se cree que es una forma de energía cósmica que es liberada por lo que se conoce como el "cuerpo sutil".

El aura humana puede describirse como una energía espiritual que refleja cómo se siente una persona física y emocionalmente en un momento dado.

La energía de un aura puede afectar y ser afectada por las auras de otras personas. ¿Alguna vez se ha sentado o parado al lado de un extraño que exudaba energía negativa de manera que se sintió agotado y deprimido? Si usted pudiera leer su aura, vería que, en efecto, esa persona está en un estado de ira o frustración y que su aura le está afectando. Por otro lado, algunas personas exudan una energía vibrante y optimista de modo que usted quiere estar a su alrededor. Esta energía positiva también se reflejaría en su aura. En algunos círculos espirituales, el término "vampiro de la energía" se utiliza para describir a las personas que se alimentan de la energía de uno y lo dejan sintiéndose negativo y exhausto. Estos son los constantes quejosos, los constantes críticos y los constantes pesimistas. A medida que su conciencia espiritual se expande, aprenderá a reconocer este tipo de personas por la forma en que le hacen sentir. La lectura de su aura también reflejará estas cualidades extremadamente negativas.

La energía de un aura puede cambiar de un día para otro, dependiendo del estado físico, mental y espiritual de la persona. El aura también refleja los rasgos de carácter de una persona, que son más o menos permanentes. Esto se puede leer a través del color o capa dominante del aura.

Debido a que la energía de las auras no es física, la habilidad de ver y leer las auras requiere de dones no físicos o clarividentes. El despertar del tercer ojo, por lo tanto, le permitirá ver las auras.

Las siete capas y colores de un aura

El primer contorno que aparece en un aura aparece como blanco o plateado, con una opalescencia lechosa. Este primer contorno no es el aura en sí misma, sino la energía que está siendo liberada por el aura. La primera de las siete capas del aura comienza donde termina esta capa blanca lechosa. La "envoltura" plateada del aura suele ser la más fácil y rápida de ver cuando se empieza a entrenar.

Las siete capas no son iguales en intensidad y tamaño. Cada capa se expande y contrae dependiendo de la salud espiritual, emocional y física de cada uno. Cada capa contiene información que puede ser "leída".

Cada capa del aura corresponde a uno de los siete chakras, que a su vez se relaciona con una energía específica. De hecho, se cree que los chakras mismos son la fuente de la energía del aura. Cada capa del aura también tiene un color correspondiente, pero como verá, el color del aura no coincide con el color del chakra. Las siete capas son:

Capa 1: El Aura Etérica

Esto corresponde al chakra de la raíz. Esta capa contiene información sobre el cuerpo físico. Refleja información sobre la salud física. Su color es azul y varios tonos de azul.

Capa 2: El Aura Emocional

Esto corresponde al chakra sacro, que se relaciona con los sentimientos y las emociones. Proporciona información sobre los bloqueos en este chakra; su color suele ser una combinación de arco iris brillante.

Capa 3: El Aura Mental

Esto corresponde al chakra del plexo solar y se relaciona con los pensamientos, las ideas y el conocimiento. Su color se ve como tonos brillantes de amarillo.

Capa 4: El Aura Astral

Esto corresponde al chakra del corazón, que refleja la salud emocional y espiritual. Si la salud espiritual y emocional es buena, sus colores aparecerán como una brillante combinación de arco iris. Si la salud espiritual es pobre, sus colores aparecerán descoloridos y monótonos.

Capa 5: El Aura de la Plantilla Etérica

Esta aura se relaciona con la información sobre el mundo físico y cómo procesamos la información sobre nuestro entorno material. Sus colores pueden variar.

Capa 6: El Aura Celestial

Esto corresponde al chakra del tercer ojo y se relaciona con el reino espiritual y los dones espirituales. Sus colores son una combinación de hermosos e incandescentes pasteles.

Capa 7: El Aura Causal/Cetérica

Esto corresponde al chakra de la corona. Se relaciona con la energía cósmica universal y es el vínculo con lo divino. Refleja la información sobre todas las experiencias del alma por las que ha pasado una persona. Su color aparece como hilos de oro brillante.

En una persona sana, el aura puede extenderse hasta una distancia de varios pies y será muy vibrante y vívida. En un estado no saludable, los contornos del aura son más estrechos, y sus colores apagados y descoloridos.

Esta información básica le ayudará a leer las auras, incluso la suya propia, y a comprender dónde puede haber un problema físico, espiritual o emocional consigo mismo o con los demás.

Lo que la ciencia nos dice sobre el aura humana

Se han hecho muchas afirmaciones sobre la captura de auras en películas, y la mayoría de nosotros hemos visto fotos que aparentemente muestran esto, aunque tal vez algunas de ellas son un engaño como los escépticos argumentan. Aunque la investigación en este campo es algo rara, la ciencia ha sido capaz de confirmar varios hechos sobre la naturaleza del aura humana.

En la Universidad de Tokio, un grupo de científicos realizó una serie de experimentos, donde pudieron capturar las auras con el uso de cámaras ultrasensibles. ¿La conclusión? Las auras son reales y existen.

El estudio también encontró que las auras de los participantes eran más visibles en el área de la cara, especialmente alrededor de las mejillas, la nariz, la boca y el cuello. (Aquí es donde quizás quiera enfocar cuando empiece a leer las auras).

Aunque la investigación está en curso, los posibles hallazgos podrían ser innovadores. Los científicos piensan que las zonas brillantes en ciertas partes del cuerpo podrían indicar un trastorno o enfermedad, lo que haría de la lectura del aura una herramienta de diagnóstico revolucionaria.

Es irónico que todavía exista un debate sobre si las auras realmente existen, dado que la antigua medicina oriental ha entendido desde hace mucho tiempo el papel de las auras y los chakras en la curación. De hecho, las antiguas tradiciones curativas entendieron brillantemente que al tratar con el correspondiente chakra problemático, es posible apuntar a la causa raíz de una enfermedad en lugar de solo tratar sus síntomas. Lamentablemente, la medicina moderna tiende a hacer lo contrario, donde, en muchos casos, los síntomas se alivian mientras la causa subyacente se deja sin tratar. Hoy en día, los tratamientos holísticos como la acupuntura, la terapia de reflejos faciales y de pies, y el Reiki se basan en estos antiguos métodos de encontrar y sanar la causa raíz a través del sistema de chakras.

El científico ruso Dr. Konstantin Korotkov, de la Universidad de San Petersburgo, está llevando a cabo algunos estudios fascinantes y únicos sobre la relación de los pensamientos y la energía (auras) humanas con el medio ambiente circundante. Es conocido por su trabajo titulado *Aura y Conciencia: Nueva Etapa de la Comprensión Científica*. Su investigación explora cómo la energía de nuestra aura puede extenderse al medio ambiente y afectar a las personas y otros seres vivos que nos rodean.

Basta decir que la investigación en este campo está en curso y el futuro parece prometedor. La ciencia está reconociendo finalmente que el reino espiritual invisible puede tener un inmenso potencial y beneficio para la humanidad.

¿Por qué aprender a leer auras?

Leer un aura significa que en realidad usted está leyendo la vibración de la energía liberada por la materia que está debajo de ella. En otras palabras, un aura problemática puede apuntar a un problema en el área del cuerpo a la que corresponde.

A nivel personal, la lectura de las auras puede beneficiar casi todas las áreas de su vida, ya sea social, profesional o personal. También le permitirá ayudar a otros de las siguientes maneras:

• Cuando usted es capaz de analizar la energía de alguien puede ayudarle a entender si está nervioso, angustiado, enojado o calmado y ser capaz de ajustar sus reacciones en consecuencia. Por ejemplo, si usted siente que una persona está angustiada o triste, no quiere añadir presión siendo exigente o crítico. Si una persona está enfadada, puede evitar desencadenar su ira. Si siente un problema en alguien cercano, escucharle con simpatía puede ser de gran ayuda. Es un poco como ser capaz de leer la mente.

• Entender por qué las personas se comportan de cierta manera le permitirá ser más tolerante y comprensivo con ellas. Esto mejorará enormemente sus relaciones en todos los niveles, ¡y le hará muy popular también!

• También puede llegar a las personas que cree que están luchando con ciertos problemas y sugerirles dónde radica el problema (a partir del color del aura o de su chakra correspondiente). Puede aconsejarles que busquen ayuda médica o psiquiátrica si es necesario.

• La lectura de su propia aura puede ayudarle a establecer prioridades en su vida, como ir de vacaciones, ir a un chequeo, aumentar ciertos alimentos en su dieta, o hacer más tiempo para cultivar las relaciones familiares.

• La lectura de su propia aura puede ayudarle a tomar mejores decisiones, como terminar una relación poco saludable o cambiar de carrera.

• Puede ayudarlo a cuidarse mejor.

- Puede mejorar las relaciones personales con la familia y los amigos.
- Puede mejorar las finanzas encontrando y tratando los desequilibrios en áreas de abundancia y gratitud.
- Fortalecerá su sentido de propósito.
- Le ayuda a liberar las experiencias dolorosas de su pasado.
- Le ayuda a desarrollar y hacer crecer sus otros dones psíquicos.
- Puede ayudarlo a liberar los sentimientos de que siente abrumado e impotente.

Ejercicios básicos para ayudarlo a leer las auras

Aprender a ver y leer las auras es bastante fácil para la mayoría de las personas, aunque requiere práctica. Puede entrenarse muy rápidamente para ver la primera capa del aura (normalmente un tono azul pálido) alrededor de las personas, las plantas e incluso los animales, ¡sí, también puede leer el aura de su mascota!

Sin embargo, ser capaz de ver y leer las otras seis capas del aura requiere una práctica un poco más seria y puede llevar más tiempo.

Usted no debería tener problemas para ser muy hábil en esta práctica una vez que su chakra del tercer ojo se despierte y se fortalezca.

Comience a entrenar con estos ejercicios básicos antes de intentar el verdadero:

Ejercicio 1: Ver su propia aura

- Póngase de pie ante un gran espejo. No tiene que ser necesariamente de cuerpo entero, pero al menos uno que refleje toda la mitad superior de su cuerpo. Nota: La habitación que elija debe tener paredes neutras.
- Lo ideal es que usted esté desnudo, pero si elige no estarlo, use ropa blanca, beige o gris claro.
- Mírese en el espejo y enfoque su visión periférica en un punto ligeramente por encima de su hombro. Si enfoca con suficiente

intensidad, podrá ver el aura etérica alrededor de su cabeza e incluso alrededor de su cuello.

- Continúe mirando la energía de su visión periférica durante todo el tiempo que quiera.
- Si usted pierde el enfoque de su visión periférica, comience el ejercicio de nuevo hasta que el aura reaparezca.

Ejercicio 2: Ver la energía pránica en el cielo

Es un excelente ejercicio para entrenar la visión periférica y fortalecer la concentración.

- Este ejercicio se hace al aire libre en un momento en que el sol no es demasiado brillante, o en un día nublado.
- Siéntese o acuéstese en una posición cómoda y deje que su cuerpo se relaje unos momentos.
- Mire al cielo y deje que su mirada se desvíe a la distancia sin permitir que sus ojos se enfoquen en ningún punto específico.
- Continúe mirando sin enfocar durante uno o dos minutos.
- A continuación, enfoque su visión periférica.
- Debería ser capaz de ver puntos blancos y negros flotando en el cielo.
- Mientras sigue enfocando su visión periférica, siga uno de los puntos en movimiento.
- Continúe siguiendo el punto en movimiento por separado durante el tiempo que elija.
- Los escépticos afirman que esto es en realidad una ilusión óptica, pero no hay pruebas concretas que lo demuestren. En cualquier caso, es un buen entrenamiento para la visión periférica.

Cómo ver el aura de otra persona

Comience con algo sencillo. Las auras humanas son mucho más complejas que las de otros seres vivos. Una gran sugerencia es empezar de forma simple con una pequeña planta en su casa.

- Siéntese en una posición cómoda con la planta delante de usted y un fondo neutral detrás de ella. La luz en la habitación no debe ser demasiado brillante.

- Mire a un punto a unos diez centímetros por encima de la planta. Intente no dejar que sus ojos se desenfoquen.
- Dirija la visión de su tercer ojo a la planta: siéntala expandirse para rodear toda la planta mientras continúa mirándola sin cambiar su enfoque.
- El aura de la planta comenzará a aparecer.

Nota: Las auras de las plantas no contienen colores porque las plantas carecen de las complejidades físicas y emocionales de los humanos. El aura simplemente aparecerá como un tenue brillo sin colores.

Practique este ejercicio con plantas de diferentes tamaños hasta que sea fácil enfocar y ver sus auras.

Practique consigo mismo. Practique consigo mismo con el ejercicio del espejo descrito en la última sección. El primer paso es ser bueno para ver la primera capa de su aura, como en el ejercicio. Este será un tenue brillo incoloro que rodea su cabeza y su cuerpo. Esta será siempre la capa más fácil de ver.

El siguiente paso es empezar a percibir las otras capas de su aura. Amplíe su enfoque hacia afuera y continúe mirando atentamente hasta que también pueda ver las otras capas de su aura.

Este paso más difícil requiere de una práctica e intención dedicadas. En cuanto usted practique, más fácil será percibir su propia aura, y más vívidas aparecerán las diferentes capas.

Practique con los miembros de la familia y los amigos. Cuando se sienta lo suficientemente hábil, empiece a practicar con otras personas, empezando por un miembro de la familia o un amigo. Haga que la persona se siente delante de usted y repita los mismos pasos que hizo para ver su propia aura, excepto que esta vez usted mira un punto sobre el hombro de la otra persona. Debería ser capaz de percibir su aura.

Consejos importantes

- No espere convertirse en profesional de la noche a la mañana. Mientras que algunas personas son capaces de aprender a ver las auras más rápidamente que otras, la norma es que este proceso lleva tiempo y práctica. No se desanime, y mantenga su intención fuerte.

• No espere ver los colores del aura de inmediato. Una vez más, esto requiere muchas horas de práctica. Sin embargo, la primera vez que usted sea capaz de percibir ese tenue brillo inicial alrededor del cuerpo de otra persona, asegúrese de que está progresando.

• Trate de no parpadear, ya que esto "reajustará" completamente su enfoque cuando sea un principiante. Con el tiempo, usted será capaz de seguir viendo el aura sin importar cuantas veces parpadee.

Fondo e iluminación

Algunos principiantes encuentran más fácil ver las auras en una habitación oscura, así que juegue con la iluminación para ver qué es lo mejor para usted. Además, tener a sus sujetos sentados frente a un fondo blanco o negro generalmente hace más fácil ver sus auras.

Pregúntele a las personas antes de leer sus auras

Nunca debe leer el aura de una persona sin pedirle permiso primero. Algunas personas pueden sentirse incómodas con la idea y rechazarlo, mientras que otras pueden encontrar la idea fascinante. Leer el aura de alguien es una invasión de su privacidad, así que es ético pedirle permiso primero.

Medite a menudo en su tercer ojo

Recuerde, la clarividencia es un nuevo y asombroso regalo que está descubriendo en su interior. No solo requiere práctica y paciencia, sino también que usted mantenga su tercer ojo nutrido y en óptima salud.

Leyendo las auras y los significados de los colores

Cuando usted se vuelve hábil para ver las auras, podrá ver las diferentes capas: pero a veces, un color será más dominante o vívido que los otros. Aprender a entender lo que significa cada color puede decirle mucho sobre la salud y el bienestar general de la persona. Este color dominante también refleja la personalidad de un individuo y en algunos casos puede reflejar su destino futuro.

Aura Roja

Las personas que tienen el rojo como color dominante en su aura son conocidas por ser aventureras y siempre deseosas de probar nuevas cosas y participar en nuevas experiencias. Son el tipo de personas que intentarán cualquier cosa al menos una vez. Son enérgicos y viven la vida al máximo. Son directos, muy testarudos, y pueden ser brutalmente honestos a veces.

Las personas de aura roja son física y mentalmente fuertes y son menos propensas a la enfermedad y la fatiga. Sobresalen en el atletismo y los deportes.

El inconveniente de una persona con aura roja es que a veces puede vivir demasiado en el carril rápido, causando que se quemen o se metan en problemas. También son propensos a los arrebatos de ira y celos y a veces incluso a los arrebatos violentos.

El espíritu aventurero del individuo del aura roja hace que se aburran rápidamente, lo que podría poner en tensión sus relaciones personales y su vida profesional. Su extrema competitividad y su deseo de ser el número uno también puede hacer que a veces sean insensibles y egoístas.

Aura Rosa

Un aura rosa representa el amor, la abnegación y el dar. Las personas que tienen un aura rosa dominante ponen el amor y la amistad por encima de todo. Les encanta estar en medio de la familia y los amigos en todo momento; dar y recibir amor. Son muy románticos, y sus relaciones con sus parejas y cónyuges tienden a ser de por vida.

Las personas de aura rosa también son muy conscientes de la salud y se cuidan bien a sí mismos con una dieta saludable y ejercicio. Su profunda conciencia de la salud los hace muy sensibles a las necesidades de salud de otras personas, y son brillantes médicos y sanadores. También son muy apasionados de la justicia social y los derechos humanos y tienden a ser defensores de buenas causas.

La única desventaja es que su naturaleza demasiado amorosa y generosa puede hacer que estas personas sean aprovechadas.

Aura Amarilla

Las personas con un aura predominantemente amarilla son muy racionales, lógicas, analíticas y sorprendentemente inteligentes. Sobresalen en ciencia y matemáticas y son excelentes en carreras que requieren pensamiento analítico. Son extremadamente elocuentes y saben cómo comunicar sus pensamientos de forma brillante.

La desventaja de este color es la tendencia a convertirse en un adicto al trabajo y a poner el trabajo y la carrera por encima de las relaciones personales. Este tipo de persona también es más propensa a problemas mentales como la depresión y el aislamiento porque no dan prioridad a las relaciones sociales y personales.

Aura Naranja

Divertido, humorístico y social, son los rasgos que mejor describen a una persona con un aura naranja dominante. Son muy dadivosos y generosos y les encanta socializar con amigos y ser el centro de atención. Su honestidad natural, bondad de corazón y empatía los hace muy populares y queridos. Están muy en sintonía con las emociones de los demás y son grandes oyentes y simpatizantes. Esta es la persona a la que la gente acude cuando quiere desahogar su corazón.

Las desventajas son que una persona de aura naranja puede ser terca y perder los estribos rápidamente; sin embargo, no guarda rencor y se disculpa, perdona y corrige las cosas.

Aura Verde

Un aura predominantemente verde refleja una personalidad altamente creativa que se esfuerza por la perfección. Al mismo tiempo, esta persona es muy trabajadora, con los pies en la tierra, y realista. Piensa cuidadosamente y rara vez toma decisiones precipitadas. ¡Esta es, de hecho, una gran combinación! Es por eso que la gente de aura verde puede tener mucho éxito en los negocios.

Este tipo de personalidad también es consciente de la salud, y aunque les encanta la comida, siempre tienen cuidado de seguir una dieta equilibrada y nutritiva. Les encanta la comunión con la naturaleza y disfrutan de cualquier actividad al aire libre.

La única desventaja es cuando estas personas ponen su creatividad antes que las cosas más prácticas de la vida.

Aura Azul

El principal rasgo de personalidad de un individuo con un aura azul es un carácter muy fuerte y a veces dominante. Estas personas son muy carismáticas, brillantes comunicadores y oradores elocuentes. Son intuitivos y organizados y tienen la capacidad de convertirse en grandes líderes.

La desventaja de este color es la tendencia al exceso de trabajo y al agotamiento.

Aura Marrón

Esta aura suele aparecer como una sombra de color marrón claro e indica ansiedad, confusión o angustia. Esta persona está pasando por algunos problemas importantes en su vida o simplemente tiene problemas para encontrar su propósito.

Por otro lado, un aura marrón oscuro indica egoísmo, engaño y una tendencia a buscar fallas en los demás.

Aura Púrpura

Un aura púrpura dominante es una indicación de las cualidades psíquicas. Esta persona es a menudo vista como el tipo oscuro, silencioso, misterioso y es muy sensible a los estados de ánimo y las vibraciones de los demás.

Esta persona tiene una pasión por el aprendizaje y tiene una mente muy filosófica, intuitiva e inquisitiva. Esta persona no es muy sociable, ni tiene un gran número de amigos. Pero es muy leal, y las amistades que hace son duraderas y fuertes. Una persona de aura púrpura también ama a los animales y a la naturaleza.

El inconveniente es que la excesiva sensibilidad de esta persona a las emociones y estados de ánimo de los demás puede hacer que se sienta agotada y sin energía cuando las vibraciones negativas de los demás la abruman.

Aura dorada

Un aura dorada indica una persona muy artística con un ojo para la belleza. Les encanta llevar ropa y joyas bonitas y rodearse de lujos y artículos de belleza únicos. No es sorprendente que también les guste ser el centro de atención.

En el lado negativo, una persona con aura dorada no se toma bien las críticas, aunque sean bien intencionadas. También puede haber una tendencia a gastar demasiado en lujos y en las cosas más finas de la vida.

Aura Plateada

Esta aura puede aparecer como plateada, blanca o blanco plateado y es el signo de una persona dotada y talentosa. Esta persona es muy intuitiva y psíquica y es fácilmente capaz de acceder a estos dones. Esto, combinado con su alta inteligencia, le permite tomar decisiones muy exitosas en la vida. Tienen una atracción casi magnética por los demás, y sin embargo son muy cuidadosos a la hora de elegir su círculo de amigos.

La única desventaja es cuando este tipo de persona no usa sus dones especiales o los usa de manera incorrecta.

Aura Negra

Esta aura tiene implicaciones muy negativas. Puede indicar una enfermedad grave, por lo que es muy aconsejable que esta persona se someta a un examen físico inmediato. Un aura negra también indica odio, envidia y depresión.

Conclusión

Ver y leer auras es tanto un arte como una habilidad adquirida. Cuando usted practique constantemente, se convertirá en un experto en ver las auras y sus diferentes colores. Esto se convierte en un arte cuando es capaz de distinguir los colores dominantes de las auras y sus implicaciones. Por supuesto, no hace falta decir que cuanto más usted despierte y nutra su chakra del tercer ojo, más se convertirá en un maestro lector de auras.

Capítulo ocho: Visiones psíquicas y clarividencia

Un chakra del tercer ojo despierto, sano y equilibrado, abre la puerta a la percepción pura y a la visión interior. Como hemos aprendido en el último capítulo, esta visión pura le permite acceder a su conciencia superior. Es a través de la conciencia superior que eres capaz de trascender el reino físico y disfrutar de los dones espirituales de la lectura del aura, las visiones psíquicas y la clarividencia. Es importante entender que, si bien es importante mantener todo el sistema de chakras equilibrado, estos regalos espirituales solo pueden ser accedidos a través de la continua nutrición e interacción con su ojo interno.

Visiones psíquicas versus clarividencia

Es difícil identificar la diferencia específica entre las visiones psíquicas y la clarividencia. Sin embargo, ambas son partes del espectro de habilidades psíquicas que uno puede desarrollar. Las visiones psíquicas son una forma de clarividencia en la que se recibe información sobre algo que sucederá en el futuro. La clarividencia puede tomar la forma de visiones psíquicas, así como la información que usted recibe sobre personas o eventos a través de la intuición o la lectura de auras. Un sentido clarividente muy desarrollado también puede permitirle recibir mensajes e información al percibir la energía de una cierta persona, cosa o lugar.

Digamos que ambos son regalos increíbles para tener y que ambos son una forma de percepción extrasensorial (PES).

¿Qué es una visión psíquica?

Una experiencia o visión psíquica es una percepción tan vívida, intensa y clara que a menudo parece más realista y más racional que la vida real. Realmente no hay mejor manera de describirla. Simplemente usted debe experimentarla por sí mismo para entender esta definición algo vaga. A continuación, se presentan las características básicas de una visión psíquica:

- Una visión psíquica también se llama "una iluminación".

- Puede ser provocada por una emergencia, ya sea emocional o física.

- Las visiones psíquicas pueden ocurrir en un estado de sueño como los sueños, cuando está despierto, o mientras está meditando.

- Una visión psíquica puede tomar la forma de una "película" que se desarrolla ante sus ojos cerrados o en su mente, en este caso, en su tercer ojo.

- Puede que vea luces o auras en su visión periférica, o el aura de una persona puede hacerse evidente cuando usted no estaba tratando de verla. Escuche lo que su intuición le dice sobre los colores.

- Sueños claros durante el sueño donde usted tiene el control de lo que pasa o donde sabe lo que pasará.

- Las visiones psíquicas le dan información a la que no puede acceder a través de sus otros sentidos. Son básicamente su intuición comunicándose usted.

¿Qué significan las visiones psíquicas?

Algunas visiones psíquicas tendrán una relevancia inmediata para usted, para que pueda entender su significado de inmediato. Otras visiones pueden ser más confusas o no tener ninguna relevancia.

La primera forma de interpretar un sueño psíquico es usar su intuición para tratar de entender su significado. El segundo método es practicar la siguiente meditación:

- Siéntese o acuéstese cómodamente, respire profundamente para relajarse y enfocar su tercer ojo.
- Pídale a su tercer ojo que le informe de lo que significa la visión.
- Espere la respuesta, y si no le llega nada, continúe preguntando y espere.
- Debería recibir un mensaje a su debido tiempo, pero si no, termine la meditación. Puede recibir un mensaje más tarde en el día o incluso unos días más tarde.

Las visiones psíquicas pueden ser un maravilloso regalo de amor para alguien que necesita orientación en su vida. Un sueño psíquico puede ayudar a alguien a encontrar su verdadero propósito y el cumplimiento de su destino. Las visiones psíquicas también pueden ser útiles para usted y para los demás para evitar o prevenir el peligro.

En el lado negativo, las visiones psíquicas pueden ser extremadamente angustiantes para su salud emocional, como cuando recibe información sobre la muerte de una persona. Es importante subrayar aquí que nadie ha sido capaz, o será capaz, de prever o predecir la muerte de otra persona de manera concluyente. Esto es algo que solo Dios, el Creador, el universo conoce.

En la mayoría de los casos, la visión simbolizará una enfermedad grave o algún daño que le llegará a la persona en cuestión. De cualquier manera, este tipo de visiones son verdaderamente temidas. Prepárese para recibirlas, pero nunca actúe sobre ellas diciéndole a alguien que va a morir. Debe ignorarlas y esperar lo mejor o esperar a ver si recibe más mensajes que aclaren el significado de esa visión inicial.

¿Qué es la clarividencia?

Clarividencia significa literalmente "visión clara". Esto se refiere a sueños psíquicos, visiones, mensajes intuitivos y otras formas de perspicacia o sabiduría que usted recibe de su tercer ojo. A veces, estos momentos de visión clara serán breves y poco dramáticos, mientras que otras veces, aparecerán en visiones psíquicas vívidas.

A veces pueden aparecer en una fuerte premonición sobre algo o alguien, como cuando de repente usted piensa en una persona que no ha visto durante años y luego se topa con ella al día siguiente.

Esta es la definición más cercana a la clarividencia; de nuevo, para entenderla completamente, debe experimentarla por sí mismo y permitir que su tercer ojo lo guíe en la interpretación de los mensajes.

Las características básicas de la clarividencia son las siguientes:

• Destellos psíquicos: pueden ser colores, luces danzantes o puntos flotantes, o la aparición repentina de un rostro.

• Cuando usted se sienta con ganas, le será muy fácil soñar despierto e ignorar cualquier perturbación a su alrededor. Puede o no tener una visión psíquica durante estos sueños.

• Será capaz de ver en su tercer ojo cómo encajan las cosas. En muchas áreas de su vida, comenzará a vislumbrar cómo se unen las piezas del gran rompecabezas. La sabiduría resultante que obtendrá de esto es simplemente impresionante.

• Puede que encuentre que su sentido de la dirección es sorprendentemente acertado en ciertos momentos. Esto podría muy bien ser su clarividencia entrando en juego.

• Puede recibir mensajes a través de la clariaudiencia (audición psíquica) o la clarisencia (sentimientos psíquicos) o a través del conocimiento psíquico (clarividencia) donde intuitivamente solo sabe que algo es verdad o que algo sucederá.

• Puede recibir visiones de cómo planear ciertos eventos en su vida viéndolos desenvolverse en su mente.

Ejercicios para desarrollar habilidades psíquicas y clarividentes

Mantener el tercer ojo abierto y equilibrado es realmente la mejor manera de acceder a estos dones espirituales. Tenga en cuenta que no hay un método garantizado para hacerse clarividente o tener visiones psíquicas. Algunas personas experimentarán estos dones con más frecuencia, mientras que, para otros, estas experiencias serán raras. Sin embargo, hay algunas maneras de ayudarlo a desarrollar su conciencia superior para desarrollar aún más sus poderes espirituales.

Meditación. Todas las meditaciones y ejercicios discutidos en este libro deben ser practicados regularmente. Este es por lejos el mejor método para desarrollar sus dones espirituales. Además, practique esta meditación también:

• Siéntese o recuéstese cómodamente. Respire profundamente hasta que todo su cuerpo se sienta suelto y relajado.

• Cierre los ojos y visualice el punto en la parte posterior de su frente que está justo delante de su tercer ojo. Visualice este punto como una pantalla de cine en negro.

• Enfoque esta pantalla con su tercer ojo.

• Espere y vea lo que aparece en la pantalla.

• Continúe la meditación durante diez minutos.

• Puede que no tenga una visión vívida o que no vea nada claramente, pero puede que reciba un destello psíquico o una chispa de intuición.

Cristales que promueven la clarividencia. Ciertos cristales y piedras pueden ser usados durante la meditación para despejar la mente, permitiendo que la energía psíquica se filtre a través de ellos. Estos incluyen el ópalo cereza y la aguamarina, la esmeralda y la labradorita amarilla. Pueden ser fácilmente comprados en línea.

Coloque una de estas piedras en su tercer ojo mientras medita acostado.

Ejercicios de visualización

Practique la visualización tanto como sea posible, todos los días, durante unos minutos. Es una de las formas más fáciles, pero efectivas, de desarrollar la clarividencia y ejercitar el tercer ojo. La mejor manera de desarrollar su don especial es aprendiendo a ver imágenes con su tercer ojo tan claramente como sea posible.

Ejercicio de visualización 1: Su lugar perfecto

- Siéntese o acuéstese en una posición relajada y visualícese en el lugar de sus sueños. Este lugar no tiene por qué ser necesariamente un lugar en el que haya estado. Podría ser una hermosa isla desierta, una playa tranquila, un valle verde lleno de flores silvestres... etcétera.

- Visualice cada detalle en su tercer ojo hasta que pueda sentirse realmente allí. Por ejemplo, puede ver y oler las flores silvestres a su alrededor, o sentir las olas calientes que golpean a sus pies. Visualice cada detalle, color, sonido y olor hasta que se sienta transportado a ese lugar.

Ejercicio de visualización 2: Objetos y símbolos

Visualice cualquier objeto o símbolo de su elección con su tercer ojo hasta que sea capaz de verlo claramente en el ojo de su mente, con el mayor detalle posible. Además puede visualizar caras, también.

Visualización Ejercicio 3: Visualice su obra de arte

- Escriba su nombre en una hoja de papel blanco y use marcadores de color y purpurina para resaltar y decorar las letras. Utilice colores y diseños vibrantes.

- Cuando usted haya terminado, mire su obra de arte durante aproximadamente un minuto, luego cierre los ojos y visualícela con su tercer ojo, recordando tantos colores y detalles como pueda, como si la viera con sus ojos físicos.

Visualización Ejercicio 4: El ejercicio de las flores

• Prepare un pequeño ramo de hermosas flores de diferentes tipos y colores.

• Pase unos minutos tocando suavemente las flores, notando las diferentes formas, colores, texturas y olores. Tómese todo el tiempo que necesite para explorar las flores con sus sentidos.

• Coloque las flores en el suelo, cierre los ojos y tome unas cuantas respiraciones profundas.

• Concéntrese en su tercer ojo y visualice el ramo de flores que descansa dentro de su tercer ojo. Intente recordar cada detalle de color y textura, y "sienta" su fragancia.

• Espere y vea si aparecen visiones, símbolos u otros mensajes. Si no, está bien. Solo continúe practicando el ejercicio regularmente.

• Este ejercicio también puede ser practicado enfocándose y visualizando una flor a la vez.

Nota: Usted puede hacer el ejercicio con hojas, hierbas frescas, o incluso una piña. El objetivo de usar objetos terrenales es ayudar a mantenerse conectado a tierra. Esto es muy importante para los principiantes.

Ejercicio de visualización 5: Juegos de memoria

Es una forma divertida de conectar con su tercer ojo y afinar su percepción. Hay docenas de divertidos juegos de memoria que puede jugar en línea, o puede intentar lo siguiente:

El artículo que falta. Consiga la ayuda de un familiar o amigo para este. Haga que retiren un objeto de su dormitorio, cocina o baño mientras espera en otra habitación.

• Entre en la habitación e intente descubrir qué objeto fue removido.

Elemento reorganizado. Ponga varios objetos en una mesa y tómese unos momentos para mirarlos y recordar cómo están dispuestos.

• Cierre los ojos y haga que su amigo reorganice un objeto. Abra los ojos e intente ver qué objeto fue movido.

Conclusión

Acceder a sus habilidades psíquicas es un esfuerzo doble. Usted debe practicar de una manera estructurada, practicando regularmente los ejercicios descritos aquí. Aquí es donde intencionalmente usted se desconecta de las distracciones del mundo exterior y hace tiempo para trabajar en el desarrollo de sus dones en un entorno tranquilo y silencioso. Puede o no tener experiencias psíquicas durante sus sesiones de práctica, pero sepa que está estableciendo una base sólida para cultivar estas habilidades.

En segundo lugar, usted debe estar abierto y alerta a las experiencias psíquicas en su vida diaria.

Finalmente, aprenda a confiar plenamente en su tercer ojo y en los mensajes que le da. Es natural que al principio tenga que luchar contra la incredulidad y el escepticismo. Puede ignorar los mensajes sutiles y decirse a sí mismo que su mente subconsciente le está jugando una mala pasada. Pero cuanto usted más experimente estos dones psíquicos, más aprenderá a confiar, a aceptarlos y esperarlos. El hecho de que seas capaz de acceder a un reino que trasciende el mundo físico, ¡toma un tiempo para asimilarlo!

Su objetivo es permitir que sus dones psíquicos se conviertan en su segunda naturaleza y en una maravillosa fuente de enriquecimiento para su vida. Una advertencia: usar sus dones para sentirse poderoso y "omnipotente" nunca debería ser su objetivo. Utilícelos para empoderarse y enriquecerse espiritualmente, así como para empoderar y guiar a otros.

Capítulo nueve: Consejos y recomendaciones generales

Mantener el chakra del tercer ojo equilibrado y sano es un proceso continuo, pero con suerte, después de que vislumbre lo que el despertar del tercer ojo puede hacer en su vida, se sentirá motivado para hacer de ello una labor de amor de por vida.

Los consejos y recomendaciones de este capítulo pueden ser adiciones útiles a su kit de herramientas para el despertar del tercer ojo. Algunos de ellos pueden ser parte de su estilo de vida ya, lo cual es genial.

Pequeños cambios en el estilo de vida que harán que los ejercicios sean más efectivos

Duerma en completa oscuridad. Dada la fuerte interconexión entre su tercer ojo y la glándula pineal, tiene sentido asegurarse de que la glándula pineal se descalcifique y funcione correctamente.

La glándula pineal comienza a liberar melatonina cuando la oscuridad se establece, preparándolo para el sueño. La melatonina es vital para un ritmo circadiano equilibrado y un sueño de calidad, lo que es importante para la claridad, el enfoque y un tercer ojo sano.

La luz del día y la luz artificial pueden interrumpir la producción de melatonina y desequilibrar el ciclo de sueño-vigilia. Duerma en una habitación completamente oscura, si es posible. Si le resulta demasiado incómodo, una pequeña luz nocturna ámbar está bien.

Si usted tiene que trabajar de noche y dormir durante el día, invierta en cortinas de buena calidad que impidan que la luz se filtre.

Crear un espacio de meditación personal. La meditación es una parte tan vital de su nueva rutina que tiene sentido designar un lugar especial para ello.

Este podría ser una habitación sin usar en su casa o un rincón protegido de su dormitorio. Esto se convertirá en su tranquilo y acogedor refugio de meditación. Haga que su espacio sea lo más relajante posible con una alfombra gruesa, una colchoneta de meditación o una silla cómoda. Coloque sus cristales y piedras en tazones sobre una mesa baja, así como velas y un difusor de aceites esenciales. Coloque cojines en el suelo, exponga uno o dos hermosos artículos que le gusten, y considere un hermoso y sereno colgante de pared o un póster.

Deje que su creatividad e intuición le guíe en cuanto a lo que necesita para sentirse calmado y relajado al instante cuando entre en su espacio de meditación personal.

Reduzca su exposición a la luz azul. La luz azul es tóxica para la glándula pineal, ¡así que evítela como si fuera una plaga! Prohíba la luz fluorescente de su casa y use la luz ámbar en toda la casa.

Más importante aún, limite su exposición a la luz azul de las pantallas digitales como teléfonos celulares, pantallas de TV y monitores de computadoras. Si pasa horas frente a una computadora, instale una pantalla de bloqueo de luz azul. Estas pantallas también están disponibles para los teléfonos celulares.

Esto se aplica específicamente a su dormitorio. Retire todas las pantallas digitales del dormitorio.

Ayunar por la salud del tercer ojo. Los chakras superiores (el del corazón y los superiores) están menos relacionados con las funciones físicas y tienen más que ver con los estados mentales y la espiritualidad. Ayunar durante unas horas puede en realidad energizar y equilibrar estos chakras, incluido el del tercer ojo.

Considere la posibilidad de ayunar desde la mañana hasta el mediodía de vez en cuando y rompa el ayuno con una comida ligera y nutritiva.

Intente con el aislamiento sensorial. Esta es un poco extrema, pero quizás el lector más aventurero puede considerar probarla. Los tanques de flotación o tanques de aislamiento ofrecen la experiencia de estar totalmente sumergido en un tanque oscuro de agua para que usted quede totalmente separado de sus sentidos.

La experiencia de un tanque plano mejora la conciencia de su tercer ojo y aumenta la percepción extrasensorial.

Beba té de hierbas. Las infusiones de hierbas como el arándano, la eufrasia, el enebro y el anís mantienen la glándula pineal equilibrada y descalcificada; además, tienen propiedades de reducción del estrés para ayudarlo a concentrarse mejor en sus ejercicios y en la meditación. Pruebe estos tés de hierbas para obtener una deliciosa bebida caliente o fría que vigorice y equilibre su chakra del tercer ojo:

- La eufrasia aumenta la intuición y la inspiración, permitiéndole tener pensamientos y percepciones internas más consistentes.
- El Ginkgo promueve la circulación de la sangre y la oxigenación del cerebro, permitiéndole recordar sus sueños y dándole más claridad mental para interpretarlos.
- La frambuesa negra contiene cualidades calmantes y purificadoras que aportan claridad a su tercer ojo.
- El amaranto es ideal para desarrollar sus dones psíquicos ya que eleva la vibración del chakra del tercer ojo.
- El té de arándano aumenta la conciencia interna del ojo.
- El té de arándano aumenta la conciencia del tercer ojo y también es beneficioso para la vista.

Pruebe diferentes combinaciones para crear su propio brebaje personalizado, o bébalos individualmente.

Cree mezclas de aceites esenciales. Mezcle una combinación de los aceites esenciales discutidos anteriormente y agréguelos a sus productos de belleza como champú, loción, acondicionador y crema de manos.

Haga ejercicio diariamente. Aunque solo sea una caminata rápida alrededor de la manzana, quince minutos de ejercicio diario es la forma perfecta de mantener todo el cuerpo sano y los chakras equilibrados.

Tome suplementos. Los siguientes suplementos son especialmente beneficiosos para la salud de la glándula pineal y el chakra del tercer ojo:

• El aceite de hígado de bacalao es un suplemento natural repleto de vitamina A, que ayuda a mantener la salud de la glándula pineal y a mantenerla descalcificada.

• La vitamina K ayuda a descalcificar los tejidos blandos, incluyendo la glándula pineal.

• El extracto de neem se ha utilizado desde la antigüedad para mejorar la salud del sistema inmunológico y desintoxicar el cuerpo. Se puede comprar en tiendas de alimentos saludables.

Reduzca el estrés. Manténgase a sí mismo y a su tercer ojo calmado y en tierra eliminando los factores de estrés en su vida diaria. Haga un balance de su día normal e identifique las cosas que lo estresan. Trate de reducir o eliminar estos factores de estrés reprogramando ciertas tareas, agregando más estructura a su rutina familiar o delegando el trabajo en la oficina.

Haga de la atención plena un modo de pensar. Vivir en el pasado o pensar constantemente en el futuro (ambos están fuera de nuestro alcance para cambiar) puede ser el mayor obstáculo para el despertar del tercer ojo. Vivir en el momento presente, con total consciencia, mantiene la mente y la intuición abiertas y listas para aceptar todo lo que nos llega de una manera neutral y sin juzgar.

Adoptar una mentalidad atenta le ayuda a evitar los pensamientos y sentimientos negativos que nublan su percepción y bloquean el chakra del ojo interno.

No se permita caer en un patrón de cavilaciones sobre el pasado y de preguntarse cómo habrían ido las cosas si hubiera hecho las cosas de otra manera. Este patrón de pensamiento altamente negativo es perjudicial para el despertar espiritual. Del mismo modo, preocuparse y pensar demasiado en el futuro es igualmente negativo.

Aquí hay tres ejercicios adicionales para cultivar la atención:

Ejercicio 1: Inmersión consciente

Este ejercicio ayuda a promover la satisfacción y la tranquilidad en el momento presente.

- Elija una tarea cotidiana que normalmente intente realizar lo más rápido posible, y donde sus pensamientos se centren normalmente en otra cosa. Esto podría ser lavar la ropa, ordenar una habitación o doblar la ropa. Tomemos como ejemplo el lavado de platos.
- A medida que llene el fregadero con agua y líquido de lavado, concéntrese en cada detalle. Escuche el sonido del agua que entra a borbotones en el fregadero, note el color y el olor del líquido de lavar, concéntrese en las burbujas que se forman en el agua.
- Lave y enjuague los platos, sumergiéndose totalmente en el color y la sensación de cada artículo en su mano, el sonido de la esponja o el fregador mientras está limpiando, y el chorro del agua sobre su mano mientras enjuaga cada artículo.
- El objetivo es sumergirse completamente durante cada paso que normalmente se hace, como si lo experimentara por primera vez.
- Descarte cualquier pensamiento perturbador y vuelva a concentrarse suavemente en lo que está haciendo.

Ejercicio 2: Escuchar atentamente

El objetivo de este ejercicio es ayudarle a sumergirse totalmente en el momento presente sin permitir que el juicio nuble su percepción.

• Elija una canción o una pieza musical que nunca haya escuchado antes. No permita que su juicio sobre el título o el género interfiera con su elección.

• Cierre los ojos y escuche la canción.

• Sumérjase en la música y déjese llevar. Descarte inmediatamente cualquier pensamiento crítico sobre si le gusta la música, la voz, el ritmo, etc.

• Luego, comience a enfocarse y a explorar el sonido de cada instrumento, las melodías, las voces solistas, etc. De nuevo, haga esto con una mente completamente abierta y no haga juicios.

Este es un ejercicio asombroso para que se mantenga centrado y aumente sus sentidos.

Ejercicio 3: Apreciación consciente

El objetivo de este ejercicio es promover la gratitud y el aprecio de las cosas o personas que damos por sentado. La gratitud es una maravillosa fuente de alimento para el chakra del tercer ojo y para el desarrollo espiritual en general.

• Tómese el tiempo cada día para notar y dar gracias por varias cosas que añaden valor a su vida.

• Por ejemplo, cuando lea un libro, deténgase para agradecer el papel, la imprenta y el autor, que hicieron posible que disfrutara del libro. Puede hacer lo mismo con el ordenador, el teléfono móvil, e incluso al pulsar un interruptor de la luz.

• Tómese el tiempo para apreciar y agradecer a su maravillosa familia y amigos que le apoyan o incluso a un útil dependiente de tienda.

• Mantener su corazón lleno de gratitud y amor promoverá sentimientos de armonía con el mundo y mantendrá su tercer ojo lúcido y consciente.

Considere el minimalismo

A medida que su tercer ojo se despierta, y comience a experimentar el conocimiento interno y la sabiduría, una de las primeras cosas que comprenderá es que hay mucho, mucho más en la vida que las posesiones materiales. Ya no le interesará comprar el último artilugio o usar la última moda. Una casa más grande o un mejor coche ya no se convierten en prioridades en las que usted pasa noches sin dormir pensando. ¿Dar la impresión de tener mucho dinero? Se reirá de la idea. La trivialidad de lo que una vez pensó que era tan importante le golpeará en la cara. Como resultado, puede que se encuentre naturalmente gravitando hacia un estilo de vida más minimalista.

¿Qué es el minimalismo?

Convertirse en minimalista significa simplificar su vida viviendo con lo esencial. Lo que se considera "lo esencial" difiere de una persona a otra. Básicamente, significa despejar su espacio y adoptar la mentalidad de que más es menos. Los minimalistas se entrenan a sí mismos para controlar su consumo y tendencias materialistas, lo cual no es fácil en nuestro mundo moderno.

El minimalismo, a diferencia de lo que mucha gente imagina, no significa vivir con frugalidad y privarse a sí mismo. La palabra clave es simplificación; puede simplificar y racionalizar su estilo de vida y vivir como un rey, pero con mucha más tranquilidad y más tiempo y dinero para disfrutar de las cosas que realmente importan en la vida.

Muchos minimalistas reportan que esta forma de vida ha cambiado completamente su perspectiva, así como sus prioridades. Algunos de los muchos beneficios del minimalismo incluyen:

• Claridad mental. El despejar su casa u oficina literalmente despejará su mente. Hay una fuerte relación entre las posesiones materiales y la salud mental y emocional. Limpiar su casa le hará sentirse más tranquilo y en control de su vida.

• Mejores finanzas. Viviendo con menos y comprando menos, podrá ahorrar dinero, mucho, en realidad. Esto es genial para equilibrar los chakras inferiores, especialmente el chakra de la raíz, que es la causa de nuestra inseguridad financiera y el miedo.

- Más libertad. Romper los lazos del materialismo trae una tremenda sensación de liberación, alegría y tranquilidad. Tiene la libertad y el tiempo para perseguir las cosas que son verdaderamente valiosas en la vida, como viajar, enriquecer su mente y pasar tiempo con las personas que ama.

Pasos básicos para simplificar su vida

Comience con una habitación. Comience con un borrón y cuenta nueva declarando una habitación de su casa. Elimine todo lo que no utiliza regularmente: incluyendo los artículos en los cajones y en los estantes. Reorganice la habitación para que sea más eficiente y abierta. Agregue algunos toques de color si lo desea. Explore cómo se siente sobre el nuevo espacio. Agregue o quite artículos hasta que sienta que el espacio es acogedor y tranquilo. Repita el proceso con cada habitación de su casa hasta que todo esté racionalizado, simple y ordenado.

Almacene o done. Almacene cosas que le traigan buenos recuerdos y done ropa, muebles y otros artículos que no use regularmente.

Invierta en artículos de buena calidad. Cuando usted necesite comprar algo, siempre asegúrese de que es de primera calidad. Los artículos de buena calidad están hechos para durar, requieren menos mantenimiento, y muestran menos desgaste con el tiempo. Esto también se aplica a la ropa.

Despeje su tiempo. Esto significa aprender a decir "no" a las tareas y compromisos y a la gente que siente que son una demanda irrazonable de su tiempo. Significa priorizar las tareas y delegar todo lo que pueda. También significa eliminar gradualmente las relaciones que lo agotan emocionalmente o que simplemente no van a ninguna parte.

El minimalismo puede ser beneficioso para la paz mental y la calma espiritual. Vale la pena intentarlo.

Confronte y libere los recuerdos y experiencias dolorosas. Los sentimientos negativos que enterramos en nuestro interior son muy perjudiciales para nuestro desarrollo espiritual. A menos que usted sea honestamente capaz de confrontar y liberar recuerdos y experiencias dolorosas, será muy difícil armonizar y equilibrar el sistema de chakras.

Hay docenas de meditaciones guiadas en línea diseñadas para este propósito. Considere la posibilidad de descargar un par de ellas y trabajar en la liberación de su energía negativa.

Tal vez usted quiera considerar la terapia si tiene cicatrices mentales severas que requieren una investigación más profunda para sanar. Despertar el chakra del tercer ojo y desarrollar los dones psíquicos no resolverá automáticamente estos problemas emocionales.

Invierta en una aplicación de meditación. Las aplicaciones de meditación ofrecen una amplia variedad de meditaciones guiadas, sonidos de la naturaleza y ritmos binaurales, e incluso mantras y cantos. Muchas de ellas contienen características para programar la meditación, así como alertas y recordatorios. Son útiles para tenerlas consigo para meditar al aire libre o cuando se viaja. Las aplicaciones de meditación vienen en una amplia variedad, son bastante económicas y están disponibles en línea. Solo busque en Google "aplicaciones de meditación" o "aplicaciones de meditación del chakra del tercer ojo".

Únase a una comunidad de ideas afines. Aproveche el lado positivo de las redes sociales uniéndose a una comunidad o grupo de personas con ideas afines. Si tiene la suerte de encontrar uno en su área, estos grupos a menudo celebran reuniones e invitan a conferenciantes y a veces organizan retiros.

Unirse a una comunidad en línea le dará poder y reforzará su viaje espiritual. Puede intercambiar consejos, compartir ideas, encontrar mucho apoyo e incluso hacer buenos amigos.

Revísese regularmente y reflexione sobre sus pensamientos y acciones. Esta es una habilidad importante para cultivar porque aumenta la conciencia de sí mismo. Deténgase y reflexione sobre lo que está haciendo o diciendo en ciertos momentos del día. ¿Usted es consciente? ¿Su mente se ha desviado hacia pensamientos negativos? ¿Realmente está escuchando a la persona que le habla? ¿Está permitiendo que su juicio empañe su claridad de pensamiento?

Observando sus pensamientos y analizándolos de esta manera lo mantendrá a usted consciente y centrado durante todo el día.

Mantenga su intención fuerte. Trabajar con energía espiritual requiere una intención clara y fuerte. Antes de meditar o practicar un ejercicio, recuerde siempre declarar su intención para que su mente la registre y la retenga.

Una intención puede ser general, como "curar el tercer ojo" o más específica, como "ver el aura de esta persona" o "visualizar esta flor". Las afirmaciones son algunas de las mejores maneras de mantener sus intenciones fuertes y enfocadas a lo largo del día.

Conclusión

Las recompensas de mantener el chakra del tercer ojo sano con estos métodos adicionales bien valen el esfuerzo. Experimente con los métodos discutidos en este capítulo, uno o dos a la vez, añadiéndolos a su rutina regular de meditación. La cantidad que elija para practicar depende totalmente de usted.

El resultado será una mayor autoconciencia, más confianza en sí mismo, sueños y experiencias psíquicas más vívidas y frecuentes, y más paz interior, a medida que usted aprende a confiar en su intuición del tercer ojo.

Capítulo diez: Poniendo todo junto

Esto puede parecer un montón de información para tomar y aplicar en su ya demasiado ocupada vida. Es comprensible que se sienta abrumado. ¿Por dónde empezar? ¿Con qué frecuencia debe practicar? ¿Cómo incorporar los ejercicios y técnicas para formar un plan personalizado? Este capítulo responderá a todas sus preguntas.

Programe las prioridades

Hay tres actividades principales que debe programar a diario o semanalmente.

1. **Meditación del chakra del tercer ojo.** Lo ideal es que usted medite al menos una vez al día durante al menos quince minutos. Dos o tres veces al día sería aún mejor. Una buena idea es hacer una corta meditación diaria y programar tiempo para sesiones más largas (30 minutos por lo menos) los fines de semana y días libres.

2. **Ejercicios de visualización.** Una vez al día es bueno, pero a medida que su tercer ojo se fortalezca, podrá visualizar más rápido y podrá tener más tiempo en el día para adaptarse a más de una visualización.

3. **Ejercicios de atención plena.** La atención plena es la clave para mantenerse centrado a lo largo del día, y mantener la claridad del tercer ojo. Como hemos visto, los ejercicios de atención plena como el de "inmersión de consciencia", pueden hacerse en cualquier momento y en cualquier lugar. El simple hecho de sentarse en el escritorio y encender el ordenador puede ser una oportunidad para la inmersión consciente o la gratitud consciente. Usted debe ser capaz de participar en más de una práctica de conciencia durante su día.

Este es su punto de partida. Dependiendo de su horario individual de trabajo y familia, use un bolígrafo o marcador rojo para hacer un horario semanal con las tres actividades anteriores bloqueadas en su día. Estas son sus prioridades. Cualquiera puede hacer tiempo para las prioridades, incluso si significa levantarse media hora más temprano cada día o limitar el tiempo de televisión por la noche. Solo debe establecer la intención de atenerse a su horario.

Haga de estas prioridades un estilo de vida

Así como el ejercicio y la dieta son parte de su estilo de vida, disfrutar y cultivar los beneficios espirituales de un chakra del tercer ojo despierto también debe convertirse en una parte regular de su estilo de vida. Cuanto más medite, visualice y practique la atención, más naturalmente le llegará hasta que se convierta en parte de su rutina diaria. De hecho, se convertirán en oportunidades propicias para la relajación y la paz interior, especialmente en tiempos de dificultades o crisis.

Consejos simples para hacer tiempo para meditar

Levántese más temprano. Los expertos dicen que el mejor momento para meditar es temprano en la mañana. Levantarse media hora o quince minutos más temprano cada día le permitirá comenzar su día con la meditación. Si no es una persona madrugadora, intente levantarse cinco minutos más temprano y aumente gradualmente el tiempo.

Lo importante es que usted medite tan pronto como se levante. Utilice el baño si necesita sentarse, y medite inmediatamente. Esto para que no pierda el tiempo haciendo cosas como revisar el correo electrónico o cepillarse los dientes. Hágalo cuando termine de meditar.

Descanso a la hora del almuerzo. En lugar de salir a almorzar, lleve su propio almuerzo a la oficina o envíe a alguien por un bocadillo. Cierre la puerta, encuentre un lugar relajante y medite durante quince o veinte minutos. Mejor aún, si hay un parque cerca y el clima es adecuado, disfruta de su sesión de meditación al aire libre. Esto también hará maravillas para su concentración y productividad.

Desplazamiento. Viajar en autobús o tren puede no ser el mejor ambiente para meditar, pero es una gran oportunidad para los ejercicios conscientes y la visualización.

Cuando sienta que el estrés se establece. Cuando la hormona del estrés se dispara en su cuerpo, causa estragos en la claridad y la intuición. Tómese un breve descanso cada vez que sienta que se está estresando y encuentre un lugar tranquilo para practicar la respiración profunda hasta que haya liberado el estrés de su cuerpo.

¡Póngase creativo!

Alterne las meditaciones y los ejercicios regularmente, y practique la observación de las estrellas y la luna cuando el clima lo permita. Haga ejercicio o dé paseos por la naturaleza en los momentos en que pueda exponer su cuerpo a los rayos anaranjados del sol. Incorporar súper alimentos para la salud de la glándula pineal y el chakra del tercer ojo es tan fácil como abastecerse y comerlos tan a menudo como se pueda. Los cristales, las piedras y los colores del chakra del tercer ojo para su joyería, vestuario y hogar no requieren nada más que la compra inicial, ¡y comprarlos es muy divertido!

Más importante aún, no se castigue si su horario no va como un mecanismo de reloj. Su chakra del tercer ojo no se inactivará de inmediato si se pierde algunos ejercicios y la meditación.

Lo bueno del chakra del tercer ojo es que a medida que usted comience a experimentar los beneficios, se sentirá más motivado y entusiasmado para hacer meditación y ejercicios para desarrollar esta parte de su vida. Nunca se sentirán como una tarea.

Póngase creativo, sea flexible, y disfrute de su transformación. Todo esto se unirá gradualmente a medida que explore y descubra lo que más le conviene.

Precauciones

Sería deshonesto no mencionar ciertas precauciones que hay que tener en cuenta al despertar el tercer ojo. Se está embarcando en un viaje a un reino misterioso y desconocido, y el viaje no está exento de peligros si entra con los ojos cerrados.

1. **Asegúrese de estar emocionalmente preparado.**

Despertar el chakra del tercer ojo es una tarea muy seria. Hablar de todas las cosas que experimentará cuando su tercer ojo se abra suena emocionante y excitante, y es comprensible que esté ansioso por saltar y experimentar todos los beneficios.

Sin embargo, experimentar realmente esos resultados puede asustar e incluso aterrorizar a muchas personas. Usted debe ser muy consciente de este hecho: *Una vez que la glándula pineal y el chakra interior del ojo se abren, su conciencia, literalmente, comenzará a expandirse, trascendiendo el reino de lo físico hacia un reino que usted nunca imaginó que existiese.* Tómese un tiempo para dejar que esto se asiente y hacer que la intención sea emocionalmente fuerte.

Además de los maravillosos regalos que usted recibirá, como la sabiduría interior, la paz interior y una mayor intuición, debe estar preparado para la posibilidad de que usted vea, oiga y sienta cosas que pueden perturbarle o confundirle. Es bueno estar mentalmente preparado para estas experiencias, aunque son raras.

2. **Separando la realidad de la ficción.**

Algunas personas afirman que algunas de las cosas que se ven en el reino espiritual podrían ser entidades demoníacas. Esto es absolutamente falso. Todo lo que experimenta en el reino no físico está relacionado únicamente con usted. Puede ver diferentes emociones y aspectos de sí mismo que se están liberando de su mente subconsciente. Siempre han existido, pero ahora, su conciencia elevada le permite verlas y experimentarlas.

El ojo interno es como un espejo que a veces refleja sus características y emociones internas negativas. A veces pueden tomar la forma de visiones o pensamientos aterradores, pero ciertamente no son demoníacos y pueden resolverse una vez que se revelan.

Por eso la apertura del chakra del tercer ojo puede ser tan transformadora. Le permite entrar en contacto con aspectos de su personalidad (normalmente no buenos) que han sido ignorados. Estos aspectos podrían estar influyendo en su vida, pero usted se ha negado a enfrentarlos. Por eso los has enterrado profundamente en el subconsciente.

Solo tiene que saber que abrir el tercer ojo no es la técnica de autoayuda común y corriente que lo convertirá en un mejor padre, en un superdotado o en un mejor amante. Es un asunto serio que viene con responsabilidad. Usted debe sentirse completamente listo y mentalmente preparado.

Los peligros de un chakra hiperactivo del tercer ojo

Un chakra del tercer ojo hiperactivo, aunque no es físicamente peligroso, puede causar agobio y angustia mental. Algunas de las manifestaciones incluyen:

- Pérdida de contacto con la realidad y fantasear en exceso.
- Obsesionarse con las visiones psíquicas.
- Volverse irracionalmente temeroso de las visiones psíquicas.
- Ansiedad.
- Agotamiento mental, donde usted es bombardeado con pensamientos del ojo interno y se vuelve incapaz de enfocar claramente o tomar decisiones.
- Sentimiento de estar abrumado.
- Insomnio.

- Problemas de visión y sinusitis.
- Juicio nublado.
- Dificultad para distinguir entre la realidad y lo que ve en su tercer ojo.
- Dolores de cabeza.
- Alucinaciones.

Equilibrando un chakra hiperactivo del tercer ojo

Estos son síntomas comunes que se producen cuando no logra conectarse correctamente a tierra o cuando el sistema de chakras no está alineado. La meditación del chakra de la columna vertebral y los ejercicios de atención regular deben abordar ambos problemas y restaurar el equilibrio del chakra del tercer ojo. Además, puede hacer lo siguiente:

- Si se siente abrumado por la intensidad o la frecuencia de las visiones psíquicas, medite en su tercer ojo; haga la intención de disminuirlas y pida a su tercer ojo que las disminuya.
- Medite en el chakra de la raíz para que se fije a tierra firmemente.
- Si es incapaz de articular los pensamientos que vienen de su tercer ojo o siente que están afectando su claridad, disminúyalos meditando en el chakra sacro.
- La meditación en el chakra del corazón también traerá más perspectiva y equilibrio a sus imágenes y mensajes mentales.
- Restaure el equilibrio de su chakra del tercer ojo eliminando el azúcar de su dieta durante unos días y comiendo muchas verduras frescas, frutas y alimentos integrales.
- Meditar con cristales en el tercer ojo también ayudará, ya que su alta vibración realmente ayuda a equilibrar en lugar de sobreestimular el tercer ojo.

Cómo equilibrar una glándula pineal hiperactiva

Una glándula pineal hiperactiva puede causar síntomas similares a los causados por el chakra del tercer ojo. Esto puede ser causado por una deficiencia debido a la subexposición a la luz o una excesiva producción de melatonina debido a la sobreexposición a la luz. No hace falta decir que también puede desequilibrar el chakra del tercer ojo. Esto es lo que puede hacer para restaurar el equilibrio de su glándula pineal:

- Acuéstese a la misma hora cada noche y a una hora moderada.
- Duerma en una habitación totalmente oscura. Incluso la luz que se filtra de una farola puede ser perjudicial para una glándula pineal hiperactiva, así que sea consciente de esto.
- Utilice incienso, sándalo y aceites esenciales de menta en un difusor o ponga una o dos gotas directamente en el chakra del tercer ojo. Estos aceites son conocidos por calmar la glándula pineal.
- Utilice gafas de color ámbar desde el final de la tarde hasta la noche.
- Practique la visualización de color del tercer ojo en los colores índigo y púrpura.

Lidiar con el escepticismo y el rechazo

Aunque no debería hacer publicidad de sus regalos, con el tiempo se harán notar. Si usted está tratando de ayudar a alguien mediante la lectura de su aura, de nuevo, tendrá que explicar un poco acerca de sus habilidades especiales.

Las reacciones a los poderes de su tercer ojo variarán. Algunas personas serán curiosas, pero abiertas a aprender más. Otros estarán fascinados y ansiosos por escuchar todos los detalles. Las personas que están en la espiritualidad, en particular, sentirán empatía y afinidad inmediata con usted.

Por desgracia, también puede que se enfrente al escepticismo, al ridículo y que se le vea como "uno de esos chiflados que se cree Harry Potter". A veces, puede que se encuentre con una hostilidad total. Esto suele provenir de personas religiosas que perciben tales actividades como demoníacas.

Algunas personas pueden evitarlo, haciendo que se sienta aislado y frustrado. Saber cómo manejar las reacciones negativas es crucial para mantenerse positivo y evitar la falta de confianza en sí mismo. A continuación, se sugieren algunos pasos:

- Hable a los demás con calma y de hecho sobre los dones que está desarrollando. Puede dar una breve historia de la glándula pineal y cómo se ha creído durante mucho tiempo que es la fuente del "conocimiento interno". Explique que simplemente está desarrollando ese conocimiento interno y que es una prueba viviente de que existe.
- No exagere sus experiencias ni las desproporcione.
- Limite el contacto con personas que sean completamente groseras y hostiles. Su energía negativa le hará dudar de sí mismo y limitará la percepción de su tercer ojo.
- Aunque esté rebosante de sabiduría y conocimiento interior, no lo exponga a los demás ni hable de ello. Simplemente muestre a la gente su lado humano normal y deje que vean que sus habilidades no le hacen menos humano o diferente.
- El exceso de dudas puede causar que su tercer ojo se cierre de nuevo. Crea en sí mismo y sepa que no está solo. Rodéese de personas positivas y alentadoras que crean en usted. Por eso es tan importante unirse a una comunidad en línea. Busque el apoyo que necesita de personas con ideas afines. Descubrirá que la mayoría de ellos han tenido experiencias similares y que no está solo.

No espere un cambio rápido

Desafortunadamente, no hay un marco de tiempo concreto, ni siquiera estimado, en el que se empiecen a ver los cambios. Algunas personas pueden empezar a experimentar algún tipo de dones psíquicos en semanas o meses, mientras que, para otras, puede tardar años. Algunas personas notarán un aumento de la percepción y la intuición con bastante rapidez, pero no tendrán ninguna experiencia psíquica hasta mucho más tarde. Para la mayoría de las personas, el proceso es gradual y lento. ¡Tener esto en mente le ahorrará mucha frustración!

Nunca precipite el proceso o piense que meditando diez veces al día abrirá su tercer ojo más rápido. Solo mantenga una rutina consistente de meditación y otras prácticas y confíe - debe confiar completamente en su tercer ojo.

Más importante aún, no lo presione, y no se haga ver cosas que no están ahí. Mucha gente tiende a interpretar todos los sueños y pensamientos como mensajes del tercer ojo cuando no lo son. ¡Deje que su intuición le guíe y no sus deseos!

Su tercer ojo nunca estará 100% abierto. Es una habilidad que usted continuará desarrollando a lo largo de su vida. Es similar al concepto de Nirvana en el budismo. Un budista se esfuerza por alcanzar el Nirvana y lo convierte en su objetivo de toda la vida, sabiendo que nunca lo alcanzará completamente. Sin embargo, dedica voluntariamente su vida a este noble viaje debido a la sabiduría y el enriquecimiento espiritual que le proporciona.

Esa es la mentalidad que debe adoptar. Agradezca cada pequeño paso adelante. Incluso pequeños destellos de percepción pueden cambiar su vida para siempre. Manténgase abierto a recibir, no espere demasiado y sepa que el cambio ocurrirá.

Conclusión

El potencial del chakra del tercer ojo y de la glándula pineal está más allá de la imaginación. Ser capaz de aprovechar, aunque sea un poco de ese potencial es algo que todo el mundo debería considerar. Todos somos aventureros. Todos somos curiosos por naturaleza. Anhelamos descubrir cosas nuevas, visitar nuevos lugares y sumergirnos en experiencias únicas. Nos decimos a nosotros mismos que estamos contentos con vivir una vida normal y ser como todos los demás, pero en el fondo, cada uno de nosotros anhela ser diferente.

Todos nuestros anhelos secretos pueden ser satisfechos simplemente descubriendo y explorando el insondable reino espiritual que existe con nosotros mismos. Es a través de nuestro ojo interno que podemos ser únicos y cambiar nuestras vidas, porque nos convertiremos en nuestro verdadero yo superior y comprenderemos nuestro propósito en la vida.

Concluyamos explorando sus propias conclusiones. ¿Cómo se siente con todo lo que ha aprendido de este libro? ¿Está de acuerdo en que abrir el chakra del tercer ojo puede transformar su vida?

Como primer paso en su viaje espiritual de descubrimiento, gracias por leer este libro, *Despertar del Tercer Ojo: Una guía esencial para abrir su chakra del tercer ojo y experimentar una mayor conciencia, visiones psíquicas y clarividencia junto con consejos para equilibrar los chakras y ver las auras.*

¡Si usted elige comenzar este viaje interior de toda la vida hacia la sabiduría, el conocimiento, y una indescriptible paz interior y alegría, felicitaciones, y la mejor de las suertes!

Segunda Parte: Psíquico

Una guía de desarrollo psíquico para aprovechar su habilidad para la telepatía, la intuición, la lectura del aura, la clarividencia, la sanación y la comunicación con sus guías espirituales

Introducción

La fascinación por las habilidades psíquicas es algo que ha ido en aumento en los últimos años. Un número cada vez mayor de personas están explorando temas que eran relativamente inauditos o considerados tabú no hace mucho tiempo. Cosas como la clarividencia, la telepatía, la intuición e incluso la comunicación con los espíritus se están convirtiendo en algo cada vez más corriente, con un número creciente de experimentos científicos y estudios de casos que apoyan la conclusión de que estos fenómenos son demostrables de manera real. Aun así, es el hecho de que innumerables personas están despertando a sus habilidades psíquicas lo que subyace al creciente interés en tales temas. Cada vez más personas están descubriendo ciertos talentos innatos, que les permiten hacer cosas más allá de lo que el saber convencional sugiere que es posible. El problema es que la mayoría de estas personas no conocen la verdadera naturaleza de sus habilidades, ni cómo aprovecharlas y fortalecerlas, lo que hace que esos talentos, en gran medida, se desperdicien.

Afortunadamente, el proceso de descubrir y desarrollar habilidades psíquicas es mucho más fácil de lo que la mayoría de la gente cree. La verdad es que todo el mundo tiene habilidades psíquicas de una forma u otra, simplemente necesitan identificar cuáles poseen para empezar a desarrollar todo su potencial. Este libro revelará cómo determinar qué habilidades psíquicas posee, permitiéndole así descubrir sus habilidades inherentes. También explorará las numerosas formas que adopta la habilidad psíquica, mostrando las diferencias y similitudes entre cada una de ellas. Finalmente, este libro profundizará en los métodos y técnicas para desarrollar cualquier habilidad psíquica que posea. Incluyendo desde técnicas de meditación hasta instrucciones sobre cómo comunicarse con espíritus, proporcionándole todas las herramientas necesarias para comenzar su viaje al excitante y satisfactorio mundo de los fenómenos psíquicos. Cuando termine de leer este libro, sabrá exactamente qué talentos posee y cómo desarrollarlos para transformar su vida en la vida feliz y satisfactoria que desea y merece.

Capítulo 1: El psíquico: ¿Qué significa ser psíquico?

La palabra "psíquico" es un término que casi todo el mundo ha escuchado en algún momento. Una de las primeras imágenes que se viene a la mente es la de una mujer exótica que promete contarnos que nos depara el futuro por solo diez dólares el minuto, una verdadera ganga considerando lo que está en juego. Otra imagen podría ser la de una persona que utiliza habilidades psíquicas para decir qué carta tiene un miembro de una audiencia o para hacer levitar una mesa frente a ese mismo público. No hace falta decir que la mayoría de estos ejemplos de habilidades psíquicas no son más que trucos de salón, la mayoría de las veces encontrados en los mismos libros que enseñan cómo sacar un conejo de un sombrero. Desafortunadamente, esta imagen falsa y absurda de lo que es un psíquico hace que la mayoría de las personas descarte el fenómeno real, uno que afecta prácticamente a todas las personas diariamente. Esto resulta en que una cantidad innumerable de personas nunca logren aprovechar su verdadero potencial psíquico y usar sus habilidades para transformar sus vidas. Por lo tanto, es importante definir adecuadamente lo que significa ser psíquico, para así ayudar a descubrir sus habilidades y talentos.

¿Qué significa realmente el término "psíquico"?

Tal vez la mejor manera de entender lo que en realidad significa el término "psíquico" es mirar más de cerca la palabra en sí. La palabra viene del griego "psique", que significa mente o alma. Esta es también la palabra raíz para palabras como psicología, psiquiatría y psicosomática. Todas ellas comparten un significado común, el enfoque en la mente en oposición al cuerpo físico. Se entiende que cualquier persona con una condición psicológica tiene un problema emocional o mental, y por lo tanto, necesita un tratamiento que se centre en el corazón y la mente. Lo mismo ocurre con alguien con habilidades psíquicas. En este caso, en lugar de tener una condición negativa, tal persona tendrá habilidades especiales relacionadas con su percepción emocional y mental del mundo que lo rodea. En resumen, alguien con habilidades psíquicas puede obtener información o realizar una tarea sin usar sus cinco sentidos físicos.

Numerosas tradiciones antiguas sostienen la noción de que el alma de una persona tiene las mismas capacidades sensoriales que su cuerpo, es decir, así como el cuerpo puede ver y oír, también el alma de un individuo puede ver y oír, aunque sin tener que depender del oído o de la vista física. Esto no solo permite a una persona ver más allá de su espacio físico u oír más allá del alcance del oído físico, sino que también le permite ver cosas que de otro modo serían invisibles y oír cosas que de otro modo serían silenciosas. Los pensamientos, por ejemplo, no pueden ser escuchados con el oído físico, ya que no hacen ningún sonido físico, sin embargo, pueden ser escuchados con el "oído de la mente", pues existen en el reino de la mente. La capacidad de oír cosas con la mente se conoce como clariaudiencia, que significa "oído claro".

El mismo fenómeno se puede encontrar en términos de la visión. La clarividencia, o "visión clara", es la habilidad de ver con la mente. Esto permite a una persona ver más allá de lo que sus ojos físicos pueden percibir. Cosas como eventos futuros, eventos lejanos, o incluso las intenciones de otra persona pueden ser vistas con el ojo de la mente. Otro término que se utiliza para describir este tipo de habilidades es "sobrenatural", que en su definición más pura significa "por encima de lo natural". Lamentablemente, este término también ha llegado a significar muchas cosas diferentes, provocando más confusión que aclaración cuando se utiliza. Sin embargo, en su forma más verdadera, sobrenatural implica simplemente que un evento o habilidad está más allá de lo que los cinco sentidos físicos o naturales pueden alcanzar. Esta es quizás la mejor y más concisa definición, de los fenómenos y habilidades psíquicas que se puede encontrar.

Uno de los errores más comunes, que cometen muchas personas, es asumir que todas las habilidades psíquicas son esencialmente las mismas. Un buen ejemplo de esto puede verse en el área de la mediumnidad. Un médium es alguien que puede transmitir mensajes y visiones a una persona conectando con el mundo espiritual. A menudo, estos individuos son etiquetados como adivinos, y por ende, son descartados como embaucadores y falsificadores. Otro término que se utiliza comúnmente para categorizar a esos individuos es el de médium. Aquí hay una distinción muy importante. Mientras que todos los médiums son psíquicos, no todos los psíquicos son médiums. Es como decir que mientras que todos los californianos son americanos, no todos los americanos son californianos. No solo la gran mayoría de los estadounidenses no viven en California, sino que la mayoría nunca ha visitado el estado. Lo mismo ocurre con los psíquicos. Una persona puede tener habilidades psíquicas, pero no puede leer la mente de una persona o ver eventos lejanos. El punto es que hay numerosas categorías diferentes de habilidades psíquicas, cada una de ellas con sus propias habilidades y cualidades únicas, lo que hace que casi no haya dos psíquicos exactamente iguales.

¿Quién tiene potencial psíquico?

Esta distinción es vital cuando se trata de ser capaz de determinar sus propias habilidades psíquicas únicas. Solo porque no tenga sueños intensos o no pueda saber lo que otra persona está pensando, no es razón para creer que no tiene ninguna habilidad. Nuevamente, hay numerosas y diferentes clases de habilidades psíquicas, y por lo tanto, es importante mantener la mente abierta cuando se trata de descubrir su potencial personal. El punto principal es que todo el mundo tiene potencial psíquico de una forma u otra. Esto se debe a que todos son, en esencia, un ser espiritual, o un alma. Por lo tanto, así como cualquiera con un cuerpo físico tendrá sentidos físicos, también cualquiera con un espíritu o un alma tendrá habilidades psíquicas. El asunto es descubrir qué habilidades posee usted en abundancia.

Una vez más, este es otro ejemplo de cómo los sentidos psíquicos y los físicos son un reflejo directo el uno del otro. Aunque todo el mundo tiene un cuerpo físico, eso no significa que todo el mundo tenga la misma vista o la misma capacidad para oír el sonido. Mientras que algunas personas tienen una vista muy aguda, que les permite leer letra pequeña o ver algo lejano con gran claridad y detalle, otras necesitan gafas de lectura para ver esa misma letra pequeña, o gafas graduadas para ver a distancia, y otros pueden no ser capaces de ver en lo absoluto, lo que les obliga a confiar en sus otros sentidos físicos para percibir el mundo que les rodea. Una persona ciega puede utilizar su sentido del tacto para leer, como en el caso del braille, o para visualizar el aspecto de una persona. Así es precisamente cómo funcionan también las habilidades psíquicas. Solo porque todos tengan alma, no significa que todos puedan leer la mente o predecir el futuro. Mientras que algunos pueden poseer tales habilidades en altos grados, otros se encontrarán virtualmente ciegos y sordos en tales áreas.

No hace falta decir que lo importante no es necesariamente arreglar las partes defectuosas. En lugar de tratar de desarrollar habilidades que carece o con las que tiene dificultades, el truco es descubrir sus fortalezas y desarrollarlas al máximo nivel posible. Una buena forma de visualizar esto es imaginarse un equipo de béisbol. Un buen entrenador permite que el lanzador perfeccione sus habilidades de lanzamiento mientras que deja que sus mejores bateadores perfeccionen sus habilidades de bateo. Nunca vería a un lanzador tratando de mejorar su bateo, ni a un bateador obligado a desarrollar sus habilidades de lanzamiento. El objetivo del juego es que cada uno juegue con sus fortalezas. Eso se aplica para las habilidades psíquicas, si no puede ver auras, entonces no pierda su tiempo tratando de desarrollar la habilidad. En vez de eso, encuentre la capacidad que tiene actualmente, la que es inherente a sus habilidades. Una vez que la encuentre, el siguiente paso es nutrirla y desarrollarla para que le sirva en su vida diaria, llevando así su vida a un nivel completamente nuevo.

Dicho esto, algunas personas son, en efecto, más dotadas que otras en lo que se refiere a habilidades psíquicas. Afortunadamente, hay algunas pruebas simples que pueden ayudar a identificar si una persona está dotada de fuertes habilidades psíquicas o no. Una de estas pruebas se da en el área de los sueños. Si tiene una abundante vida de sueños, en la que experimenta sueños vívidos y atractivos con regularidad, lo más probable es que tenga fuertes habilidades psíquicas. De hecho, la capacidad de recordar los sueños es otro indicador del potencial psíquico. Si a menudo tiene sentimientos instintivos, como evitar ciertas personas o situaciones, entonces probablemente seas un psíquico natural. Las visiones de acontecimientos futuros, la capacidad de sentir las emociones de otra persona o de leer sus pensamientos también son signos de una mayor capacidad psíquica. La razón por la que tales eventos indican un potencial psíquico es que todos ellos no dependen de ningún sentido físico. Así, una persona que puede soñar vívidamente y recordar sus sueños utiliza el ojo de su mente de una manera muy real. Alguien que tiene sentimientos viscerales está en contacto con su intuición, y así sucesivamente. Probablemente esté leyendo este libro, porque ha descubierto un patrón en su vida, uno en el que su habilidad psíquica se ha mostrado y ahora está esperando que usted responda y le dé la atención que merece.

¿Cómo pueden las habilidades psíquicas impactar en su vida diaria?

Como cualquier otra habilidad, las capacidades psíquicas pueden ser utilizadas de una gran cantidad de formas para mejorar e incluso transformar la vida cotidiana de una persona. Un ejemplo de esto es en el área de la intuición. Muchas personas tienen que tomar diariamente decisiones que impactarán sus vidas de una manera u otra, puede que tengan que comprar un auto, buscar un trabajo, o incluso contratar a una persona para que trabaje para ellos. Aunque normalmente se dispone de una buena cantidad de información objetiva para ayudar a tomar tales decisiones, también puede haber una gran cantidad de especulación. Aquí es donde la intuición puede marcar la diferencia. En lugar de tener que adivinar si será feliz o no en un trabajo determinado, o si un candidato es realmente tan bueno como su currículum le hace parecer, puede utilizar la intuición para ver más allá de los hechos y determinar la verdad de una situación. Esto puede ayudarle a tomar cada vez la mejor decisión, evitando errores y arrepentimientos que pueden socavar su felicidad o incluso sus posibilidades de éxito.

Los sueños también pueden ser útiles a la hora de tomar decisiones importantes. Muchos, en algún momento, hemos escuchado a alguien decir, "déjame consultarlo con la almohada". Aunque esta afirmación suele indicar el deseo de la persona de reflexionar un poco más sobre una decisión, la verdad es que alguien con capacidades psíquicas podría literalmente "consultarlo con la almohada", permitiendo que sus sueños revelen el resultado de una u otra decisión. Tales prácticas se han registrado a lo largo de la historia de la humanidad en prácticamente todos los rincones del planeta. Usar los sueños para tomar decisiones o entender la naturaleza de eventos complejos puede ayudarle a hacer trampa, literalmente saltando por delante para ver lo que le espera en cada camino a su disposición. Esto no solo puede eliminar las conjeturas de una decisión, sino que también puede asegurar que tome la mejor decisión en cada momento. Además, numerosos estudios de casos han revelado cómo los creadores, artistas y músicos han usado sus sueños para resolver problemas o liberar su verdadero potencial. Esta capacidad no solo *puede* ser la diferencia entre el éxito y el fracaso, sino que se ha demostrado.

La intuición también puede ayudarle a relacionarse de forma más significativa con quienes lo rodean, mejorando así sus relaciones de una forma muy real y significativa. Un buen ejemplo de esto se da en el área de la empatía. Un empático es alguien que puede aprovechar las emociones de otra persona, sintiendo virtualmente lo que siente. Una forma en que esto puede ayudar es protegiéndolo de aquellos que lo engañarían, como gente de negocios corrupta, falsos amigos, o cualquiera que buscara aprovecharse de usted. Al sentir el estado emocional de otra persona, puede determinar su sinceridad o la falta de ella. Sin embargo, la principal aplicación de la empatía es la capacidad de saber cómo se siente una persona para poder conectar mejor con ella y ayudarla en sus momentos difíciles. Compartiendo el dolor de otra persona, puede demostrar que es más capaz de decir lo correcto o incluso de dar el mejor consejo. Esta capacidad lo ayudará a sentirse conectado con todos los que lo rodean de una manera que transformará la forma en que experimenta la vida misma. Ya no se sentirá como si fuera un individuo, abriéndose camino solo por la vida. En su lugar, comprenderá que todos los seres vivos están conectados, y esto lo hará darse cuenta de que nadie está nunca verdaderamente solo.

Establecer reglas para asegurar un mejor control de sus habilidades

Por supuesto, no hace falta decir que grandes habilidades conllevan grandes responsabilidades. En ningún lugar esta noción es más cierta que en el área de las habilidades psíquicas. Por consiguiente, es absolutamente vital que además de descubrir y perfeccionar sus habilidades, también establezca un conjunto de reglas que sirvan para protegerlo a usted y a los que lo rodean. Sin tales reglas, inevitablemente se encontrará en una situación en la que los demás pueden causarle daño o en la que usted cause daño a los demás. Como las habilidades psíquicas vienen del alma, tal daño se sentiría a nivel del alma, haciendo mucho más difícil recuperarse de él. Por lo tanto, prevenir tales incidentes es crítico, ya que le permitirá evitar dificultades considerables y arrepentimientos por todas partes.

Una de las reglas más importantes es la de darse el tiempo y el espacio que necesita para recargar sus baterías. La mayoría de las veces, las personas que descubren y desarrollan sus habilidades psíquicas lo hacen con la intención de ayudar a otros a su alrededor. La capacidad de conectar con los sentimientos de los demás, curar los dolores y males de los demás, o incluso aprovechar el mundo espiritual para predecir el destino de otra persona, son todos objetivos nobles, pero todos tienen un costo. Cada actividad psíquica requiere de energía para realizarse, al igual que cada compra que se hace requiere de dinero en efectivo. Por lo tanto, si no tiene cuidado, puede gastar toda su energía tratando de salvar el mundo, al igual que puede gastar todo su dinero si va de compras. Por lo tanto, el truco es calcular el tiempo y la energía que gasta ayudando a los demás. Una de las mejores reglas es darse mucho tiempo de descanso diariamente o con bastante regularidad, lo que le permitirá recargar las pilas y devolver la tranquilidad a su mente. Esto evitará que se queme o, peor aún, que se deprimas y se agobie.

Otra regla crítica a emplear es la de respetar la privacidad de los demás. El hecho de que pueda leer los pensamientos de otra persona no significa que deba hacerlo. Tampoco significa que ellos quieran que lo haga. Una buena regla que le ayudará a respetar a los demás es usar sus habilidades solo cuando sea necesario para su bienestar personal. Por lo tanto, entrar en el corazón o la mente de alguien que intenta venderle un auto o solicitar un trabajo es perfectamente razonable. Leer la mente de la persona sentada a su lado en el autobús para divertirse, por otro lado, es menos que decente. Por lo tanto, solo use sus habilidades de una manera que sea necesaria y beneficiosa para todos los involucrados. Nunca abuse de sus habilidades y nunca las use para intimidar a otros.

Algunos ejemplos de eventos psíquicos reales

Aunque casi todos contemplan capacidades psíquicas en un momento u otro, la mayoría descarta su existencia por completo, citando la falta de pruebas que apoyen su existencia. Afortunadamente, hay un número creciente de estudios de casos y relatos personales que ofrecerán la evidencia necesaria para inspirar a la gente a tomar los fenómenos psíquicos de manera más seria. Los siguientes son solo algunos ejemplos de eventos psíquicos de la vida real, algunos que cambiaron vidas a nivel personal, mientras que otros cambiaron el mundo tal y como lo conocemos.

Una historia involucra a una periodista que estaba entrevistando a un medio para una historia. Después de la entrevista, el medio ofreció una lectura gratuita para la periodista. Aunque escéptica, aceptó, sin saber qué esperar. Inmediatamente el medio le dijo de una mujer que vio, cuya descripción y nombre coincidía con el de su abuela muerta hace tiempo. Luego le habló de un hombre con la mujer, y la descripción coincidía con la de su padre recientemente fallecido. El hombre tenía un mensaje para su esposa, dijo la médium. Ese mensaje era que era hora de deshacerse de sus corbatas. Después de la lectura, la periodista llamó a su madre y le preguntó si ya se había deshecho de la ropa de su padre, algo que ella había dudado en hacer. La madre dijo que se había deshecho de todo *excepto* de sus corbatas.

Otra historia involucra a un hombre que se ausentó sin permiso del ejército mientras servía en Vietnam. Mientras estaba de permiso en tierra en los Estados Unidos, decidió no volver al servicio. Durante ese tiempo, visitó a un amigo que era experto en adivinación. Realizó una lectura del I Ching, que reveló que un largo viaje sobre una gran masa de agua sería beneficioso. El amigo decidió volver a Vietnam, a pesar de querer dejar el ejército. A su regreso, el número de tropas en Vietnam se redujo, y se le dio una baja regular, permitiéndole dejar el ejército y volver a casa legalmente.

Los sueños han servido para dar forma a decisiones y descubrimientos, muchos de los cuales han cambiado el mundo en formas que la mayoría de la gente no se da cuenta. Elias Howe, por ejemplo, luchó con el diseño de la máquina de coser mecánica. Después de varios intentos fallidos, estaba casi en bancarrota cuando una noche soñó con el lugar donde debía ir la aguja para que la máquina funcionara correctamente. Al despertar, dibujó el diseño, un diseño que se patentó y que aún se utiliza en los modelos de máquinas de coser modernas hoy en día.

Niels Bohr, un pionero de la física moderna, tuvo un sueño en el que veía los planetas orbitando el sol. Se dio cuenta de que este sueño era la respuesta a su búsqueda del modelo de un átomo. Usando las imágenes de su sueño, fue capaz de probar la estructura del átomo, que es responsable de dar forma a cosas como la energía atómica. Albert Einstein soñó con una experiencia en la que descendía en trineo por una montaña nevada. Empezó a ir tan rápido que casi alcanzó la velocidad de la luz. En ese momento, la aparición de las estrellas cambió, lo que le llevó a descubrir la teoría de la relatividad.

Incontables ejemplos más de sueños, lecturas, visiones y similares que han cambiado vidas se pueden encontrar en todo el mundo. Sin embargo, tales historias son al final solo eso: historias. Lo importante es encontrar su propia prueba, su propia evidencia. Afortunadamente, todos han tenido experiencias que no se pueden explicar en términos simples y naturales. Esas experiencias son las huellas de la actividad psíquica, generalmente involucrando sus habilidades psíquicas personales. En lugar de buscar en otros relatos la prueba, debería buscar en ellos una dirección, que lo ayude a recordar y reconocer la evidencia que tiene en su vida, la evidencia de su potencial psíquico.

Capítulo 2: Meditación: El primer paso

Una de las principales herramientas para desarrollar las habilidades psíquicas es la práctica de la meditación. Esta práctica ha existido durante miles de años, ayudando a innumerables personas en todo el mundo a conseguir numerosos beneficios y avances. De hecho, la tradición afirma que el propio Buda alcanzó la iluminación como resultado de sus prácticas meditativas. Afortunadamente, no es necesario estar buscando la verdad o la iluminación para hacer uso de esta valiosa herramienta. Millones de personas en todo el mundo hoy en día usan la iluminación por varias razones, incluyendo desde el desarrollo espiritual hasta el alivio del estrés y la restauración física. Este capítulo proporcionará una comprensión básica de lo que es la meditación, así como las diversas formas en que puede ayudar a nutrir y perfeccionar sus habilidades psíquicas. Además, habrá instrucciones sobre algunas formas de meditación para ayudarle a comenzar con una práctica que le proporcionará una base sólida para su búsqueda para convertirse en un psíquico competente.

Una descripción básica de la meditación

Cuando la mayoría de la gente piensa en la meditación, imagina monjes budistas vestidos con sus túnicas, cantando mientras dejan que sus mentes trasciendan la realidad física y alcancen el mundo espiritual. Aunque este es un aspecto de la meditación, no es la finalidad de la práctica. Una buena manera de entender la meditación es pensar en ella como una especie de gimnasio. Cuando va a un gimnasio, puede elegir hacer cualquier número de rutinas de ejercicio, desde pesas libres, ejercicios aeróbicos, entrenamiento de fuerza general, o incluso simplemente subirse a una bicicleta estática o a una cinta de correr para agitar una vida que de otra manera sería sedentaria. Cada tipo de rutina ofrece beneficios y resultados específicos, lo que significa que no necesariamente dos personas tendrán la misma experiencia, así es precisamente cómo funciona la meditación.

En general, los fundamentos de la meditación son generalmente los mismos en todas las formas, a pesar de las numerosas y distintas diferencias que hacen que cada tipo sea muy único. La premisa básica es que el practicante encuentre un lugar tranquilo donde pueda estar solo y permanecer ininterrumpido durante un período determinado. Dentro de ese período, comenzará a dejar de lado las influencias y distracciones externas, centrándose en su realidad interna. La mayoría de las veces, la respiración desempeña un papel central en la práctica, proporcionando al individuo un punto de enfoque que le permite alcanzar el estado de calma y atención que desea. Sentarse en una posición cómoda y erguida es también fundamental para casi todas las formas de meditación. Sin embargo, más allá de eso, los demás elementos tienden a ser específicos de las distintas versiones, creando así una experiencia diferente que permite a la persona lograr resultados diferentes.

La atención plena, por ejemplo, es un objetivo común compartido por la mayoría de los practicantes de meditación. Ciertas formas de meditación permiten desarrollar el sentido de la concentración y la claridad mental, eliminando el caos que llena la mente de la mayoría de las personas a diario. La relajación es otro beneficio que proviene de la mayoría de los tipos de meditación, incluyendo la conocida como meditación de exploración corporal. Esta forma también se utiliza para enviar energía curativa y restauradora a las partes del cuerpo que están sufriendo de una manera u otra.

En resumen, hay dos categorías principales de meditación: calmante e introspectiva. La meditación calmante es la técnica que se centra en el alivio del estrés tanto del cuerpo como de la mente. Por otra parte, las técnicas de meditación introspectiva son aquellas que se centran en agudizar la conciencia mental y física.

Hay una distinción más que vale la pena mencionar en cuanto a las diferentes formas de práctica meditativa, esto es, la de la meditación guiada y no guiada. La meditación guiada simplemente sugiere que se practique bajo la instrucción de un guía. Ese guía puede ser una persona real, como un instructor espiritual, o puede ser un mensaje pregrabado que te lleva a través de pasos y te ayuda a entender el proceso en cada paso del camino. La meditación sin guía simplemente indica que se realiza la práctica solo y en silencio, al menos en el caso de las técnicas que se practican en soledad. A menudo se recomienda que los principiantes se dediquen primero a la meditación guiada para comprender mejor la práctica. Esto también les da la oportunidad de hacer preguntas o plantear inquietudes en caso de que mediten en presencia de un guía concreto.

Cómo la meditación ayuda a desarrollar habilidades psíquicas

La pregunta que mucha gente se hace es cómo la meditación puede ayudar a desarrollar habilidades psíquicas. La verdad es que hay varias maneras en las que las prácticas meditativas pueden ayudar a cualquiera a descubrir, nutrir y perfeccionar sus habilidades psíquicas. Una de las formas más inmediatas en que la meditación logra este objetivo es que ayuda al individuo a limpiar su corazón y su mente de todo el desorden y el caos que normalmente le afecta. Esta condición es comúnmente conocida como "mente de mono" en la tradición budista. En pocas palabras, la mayoría de la gente tiene cualquier cantidad de pensamientos, preocupaciones, imágenes e incluso canciones que pasan por su mente en un momento dado. Este ruido solo sirve para hacer más difícil la conexión con la intuición, el discernimiento y otras habilidades psíquicas que requieren una mente tranquila y enfocada para ser escuchadas. Al eliminar el ruido, la meditación puede crear el ambiente necesario para una actividad psíquica efectiva.

Otra forma en que la meditación ayuda a mejorar las habilidades psíquicas es aumentar la claridad mental y la conciencia. Las técnicas para lograr este objetivo entran dentro de la categoría de la introspección. Una persona que practica la meditación de introspección ejercitará su mente y su conciencia de manera que honre su capacidad de resistir las distracciones y se haga consciente de las energías que hay en su interior y a su alrededor. Como se mencionó anteriormente, toda actividad psíquica involucra a la mente de una manera u otra. Por lo tanto, cualquier ejercicio que fortalezca la mente y mejore cosas como la concentración, la percepción y la disciplina mental, fortalecerá naturalmente las habilidades psíquicas de una persona. De alguna manera, es un poco como cuando los deportistas van al gimnasio a hacer ejercicio. Para la persona promedio, podría parecer extraño que levantar pesas pueda ayudar a alguien a jugar mejor al fútbol, sin embargo, para el atleta, tiene mucho sentido, ya que cuanto más fuerte es su cuerpo, mejor es su rendimiento en el campo. La meditación es exactamente así. Fortalece los músculos necesarios para realizar actividades psíquicas de la mejor manera posible.

La tercera y menos conocida forma en que la meditación ayuda a desarrollar habilidades psíquicas es que ayuda a una persona a conectarse con su voz interior. Ya sea que el objetivo sea eliminar las distracciones externas o el ruido interno, el resultado de la meditación es en gran medida el mismo, es decir, un aumento del sentido de la intuición. Después de todo, una vez que la distracción desaparece, lo único que queda es la verdadera voz del individuo. Esta voz es lo que se conoce como intuición, o el instinto de una persona. Cuanto más fuerte sea esta voz, más fuertes serán las habilidades psíquicas de la persona. Además, la meditación puede ayudar a un individuo a conectarse con sus guías espirituales. Así como escuchar la voz interior es esencial para la práctica psíquica, también lo es escuchar la voz de los guías espirituales. Por lo tanto, la meditación es una herramienta crucial, ya que ayuda a una persona a descubrir y conectarse con esa parte de ellos mismos, que es el corazón mismo de cualquier habilidad psíquica. Añadido al aumento de la atención y la disminución de la distracción, no es de extrañar que los psíquicos más eficaces sean aquellos que practican la meditación regularmente, si no a diario.

Cómo practicar la meditación de atención plena

La meditación de atención plena permite a una persona desarrollar su capacidad de estar completamente en el momento presente. Esto es vital para cualquiera que quiera aprovechar su intuición para obtener orientación o respuestas. Además, es una buena manera de ayudar a una persona a sintonizar con sus guías espirituales. Los pasos para realizar la meditación de atención plena son los siguientes:

- El primer paso para casi todas las prácticas de meditación es encontrar un lugar tranquilo donde pueda estar solo y sin ser interrumpido durante un período determinado. Esto le ayudará a concentrarse en su práctica, ya que no se distraerá ni escuchará las posibles distracciones que se produzcan.
- Cuando haya elegido su ubicación, lo siguiente que tiene que hacer es sentarse cómodamente. Sentarse con las piernas cruzadas en un cojín o una alfombra en el suelo es ideal, pero no es necesario. Una silla también será suficiente

siempre y cuando le permita sentarse en posición vertical, manteniendo una buena postura que permita una buena y profunda respiración. Lo importante es mantener la columna vertebral recta, permitiendo así que la respiración y la energía fluyan uniformemente por todo el cuerpo. La parte superior de los brazos debe colgar libremente a los lados, mientras que las manos pueden descansar en el regazo de la manera que se sienta más cómoda.

- A continuación, tiene que empezar a centrarse en su respiración. Empiece a tomar respiraciones más profundas, que sean relajantes y restauradoras. Aunque su objetivo es respirar más profundo, su respiración debe ser natural y no forzada, aumentando así la relajación de su cuerpo y su mente.

- Una vez que se regula la respiración, el siguiente paso es tomar conciencia de lo que lo rodea. Tómese un momento para reconocer las imágenes, los sonidos e incluso los olores de su entorno. Sin embargo, no permita que sus pensamientos se detengan en una cosa por mucho tiempo. El objetivo es tomar conciencia, nada más y nada menos. Por lo tanto, observe una cosa o evento durante unos diez segundos y luego pase a otro.

- Su mente comenzará a detenerse en las cosas de vez en cuando, evocando recuerdos o juicios dependiendo del objeto o evento que esté observando. Siempre que esto ocurra, simplemente deje ir el proceso de pensamiento y vuelva a observar solamente su entorno. Lo más importante es estar totalmente presente en el cuerpo y en la mente.

- Por último, reconozca que su mente simplemente está haciendo su trabajo desenterrando pensamientos, preocupaciones y recuerdos basados en lo que está observando. Esto no es algo malo como tal, simplemente un hábito que está empezando a romper. No sea demasiado duro consigo mismo cuando esto ocurra. Solo deje que sus pensamientos de distracción se evaporen y vuelva a centrarse en el momento presente. Cuanto más practique esta forma de meditación, menos se distraerá su mente.

- Una vez que haya perfeccionado la habilidad de dirigir su mente desde la distracción al aquí y ahora puede empezar a practicar la meditación atención plena en un entorno más público. Se aplican los mismos principios, excepto que ahora puede cambiar su atención de una persona a otra o de un evento a otro, permitiéndose observar sin juzgar ni obsesionarse con una sola cosa o persona. No hace falta decir que nunca haga este tipo de ejercicio mientras conduce un auto o maneja una maquinaria que requiera toda su atención.

Cómo practicar meditación de visualización

La meditación de visualización es una práctica que ayuda a afinar su capacidad de conectarse a objetos y personas a distancia. Esto significa que puede ver a una persona o una cosa sin tener que estar cerca de ellos. No hace falta decir que tal visión implica el ojo de la mente más que el ojo físico. Los pasos para realizar la meditación de visualización son los siguientes:

- Busque un lugar tranquilo donde estará solo y sin ser interrumpido el tiempo que necesite para su práctica meditativa. Es importante establecer cuánto tiempo quiere pasar para asegurar la mejor posibilidad de éxito.

- Siéntese en posición de piernas cruzadas con la columna recta, la parte superior de los brazos relajados a los lados y las manos descansando cómodamente en el regazo. Esta postura ayudará a relajar su cuerpo y mejorar su respiración y el flujo de sangre, aumentando así su conciencia mental.

- Una vez que se encuentre en una posición cómoda, puede comenzar a establecer su rutina de respiración profunda y relajada. Comience a tomar respiraciones más largas y profundas, que lo relajen mientras le proporcionan el oxígeno necesario para restaurar sus energías físicas y mentales.

- El siguiente paso es para los principiantes. Este paso le hace observar un objeto delante suyo. Puede ser cualquiera y puede elegir un objeto para contemplarlo para hacerlo más fácil. Simplemente mire fijamente al objeto durante un minuto más o menos, tomando todos los detalles que pueda.

- A continuación, cierre los ojos y comience a visualizar el objeto que ha observado. Permita que su mente recuerde todos los detalles que pueda, usando su imaginación para recrear el objeto con el mayor detalle posible. Incluso puede imaginarse moviéndose alrededor del objeto, viéndolo desde todos los ángulos, pero permaneciendo sentado, moviendo solo su mente.

- Una vez que haya visualizado claramente el objeto elegido, puede empezar a visualizar algo más. Puede ser otro objeto, como algo más en la habitación, o incluso algo en otro lugar, como su auto o el buzón de correo de su vecino. Opcionalmente, puede elegir visualizar a una persona, imaginándola donde cree que está. No importa lo que elija visualizar, el truco es visualizar a su sujeto con el mayor detalle posible, incluso permitiéndose observar los alrededores.

- A continuación, comience a tomar nota de los detalles específicos que note. Por ejemplo, si visualizas el buzón de correo de su vecino, ¿La bandera está arriba o abajo? ¿Está el cielo despejado o nublado? ¿Qué características específicas puede señalar? En el caso de una persona, ¿dónde está? ¿Están en casa o en el trabajo? ¿Están hablando con una persona, trabajando en la computadora o haciendo una llamada telefónica? ¿Cómo se ven emocionalmente? Todos estos detalles pueden ser importantes en términos de habilidad psíquica. Si bien su mente puede comenzar usando la memoria para crear la visión de una persona o un objeto, con el tiempo se conectará con el sujeto en tiempo real, permitiéndole observar cosas en el ojo de su mente que sus sentidos físicos serían incapaces de detectar.

- Finalmente, tome nota de cualquier detalle específico que destaque. Si imagina a una persona y la ve teniendo un mal día, llámela más tarde y pregúntele cómo le fue. Una vez más, los resultados iniciales pueden ser irregulares, pero con el tiempo, descubrirá que sus observaciones serán cada vez más precisas, permitiéndole conectarse con cualquier objeto o persona sin tener que salir de la comodidad de su hogar.

Cómo practicar la meditación psíquica

La meditación psíquica es la forma de meditación que realmente permite a una persona aprovechar sus habilidades psíquicas. Específicamente, honra la habilidad de una persona para ver, sentir y escuchar información a nivel espiritual. Las imágenes, los susurros, las sensaciones y cosas similares se vuelven más regulares y más pronunciadas cuanto más se practica la meditación psíquica. Los pasos para realizar son los siguientes:

- Como con cualquier forma de meditación, el primer paso es siempre encontrar un lugar tranquilo que ofrezca tanto privacidad como soledad. Desconecte cualquier teléfono y elimine cualquier otra forma de distracción, asegurando el ambiente más pacífico posible.

- A continuación, siéntese en el suelo, usando una alfombra o un cojín para su comodidad, en posición de piernas cruzadas. Aunque quiera estar relajado, es vital asegurarse de que su columna vertebral esté recta, ya que esto aumentará el flujo de sangre y oxígeno en todo el cuerpo. Una vez más, la parte superior de los brazos debe colgar libremente a los lados y las manos deben estar relajadas en el regazo.

• Una vez que tenga su ubicación y postura adecuada, el siguiente paso es concentrarse en su respiración, asegurando que sus respiraciones sean profundas, pero relajadas, no forzadas ni tensas. Mientras se concentra en su respiración, permita que su cuerpo se relaje y despeje su mente de cualquier pensamiento o distracción extra.

• A continuación, cierre los ojos y comience a observar cualquier imagen, sentimiento, sonido o impulso que ocurra de repente. Al principio, puede que encuentre su mente aún llena de pensamientos e imágenes de sus actividades diarias. Si este es el caso, tómese más tiempo para concentrarse en su respiración y así limpiar su mente de desorden y ruido. Sin embargo, una vez que su mente está clara, cualquier imagen, sonido y similares deben ser observados y contemplados.

• Tómese el tiempo necesario para considerar cada impulso que recibe, ya sea una sensación física, una reacción emocional, o una imagen, una palabra, o alguna otra forma de información, sin importar lo aleatorio que pueda parecer. De hecho, cuanto más aleatorio sea, más probable es que sea de naturaleza psíquica en lugar de producto de su imaginación. Si siente una emoción, tómese el tiempo para considerar cuál es la emoción y qué podría estar causándola. ¿Es una advertencia? ¿Es para otra persona? ¿O es alguien que piensa en usted? Si ve la imagen de un amigo o un ser querido, contemple esa imagen cuidadosamente. ¿Son felices o necesitan su amor y apoyo? Lo importante es abrir su mente a cualquier información del mundo espiritual. Una vez más, al principio, puede que le cueste diferenciar entre los productos de su imaginación y la voz de sus guías espirituales, sin embargo, con la práctica, la habilidad para saber la diferencia se fortalecerá, permitiéndole escuchar la voz del universo tan claramente como escucha una voz en el otro extremo de un teléfono.

- Una vez que haya terminado su meditación, debe tomarse el tiempo para reconectarse con su entorno inmediato. Esto cerrará su mente al flujo constante de información que de otra manera lo abrumaría mientras sigue con su día normal. La mejor manera de lograr este objetivo es practicar una breve ronda de meditación de atención plena para así reconectarse a su entorno y restaurar su mente a su función normal.

- Las dos cosas más importantes que hay que recordar en relación con la meditación psíquica es tener una mente abierta y ser paciente. Solo siendo de mente abierta puede recibir la información que busca, y solo siendo paciente puede desarrollar sus habilidades al nivel que desea. Nada que valga la pena hacer es fácil, así que no se frustre si los resultados son lentos y erráticos. Con un poco de esfuerzo y paciencia, comenzará a lograr los resultados que desea, y entonces sus habilidades psíquicas se elevarán a niveles que nunca imaginó posibles.

Mejorando la meditación con el yoga

Una forma de llevar su práctica de meditación al siguiente nivel es incorporar la práctica del yoga. Esto ayuda a alinear su cuerpo y su mente de forma que se cree una cierta unidad del ser. Cuanto más simple sea como persona, más claro y presente está en un momento dado. Por lo tanto, se recomienda que una vez que haya adquirido familiaridad e incluso éxito con la meditación, empiece a añadir el yoga a su rutina para aumentar aún más sus habilidades.

El principio básico del yoga es estirar el cuerpo para mejorar el flujo sanguíneo y el flujo de oxígeno a todas las partes del cuerpo, incluyendo el cerebro. Esto tendrá profundos efectos en su salud física y bienestar, así como en su salud mental y bienestar. Afortunadamente, hay muchas formas diferentes de yoga, cada una diseñada para necesidades específicas. Algunas son relativamente fáciles, por lo que son ideales para principiantes o cualquier persona con restricciones físicas. Además, el yoga de bajo nivel se puede practicar solo, en casa y en muy poco tiempo. El yoga de nivel intermedio y el de alto nivel deben practicarse inicialmente bajo la supervisión de un instructor certificado.

Puede comenzar a practicar solo una vez que tenga más experiencia. Una innumerable cantidad de recursos en línea lo ayudarán a empezar a practicar yoga, permitiéndole así tener una idea para ver qué formas son las más adecuadas para usted. Además, la práctica generalizada del yoga significa que hay grupos prácticamente en todas partes, lo que le permite obtener la supervisión que necesita como principiante o como alguien a quien le gusta compartir su experiencia con los demás.

Capítulo 3: Intuición

Si le pregunta a cualquier persona en la calle si alguna vez ha tenido una "corazonada" sobre una persona, lugar o situación que resultó ser cierta, casi todos le dirán que sí. Este fenómeno es tan común que pocas personas le prestan atención. Desafortunadamente, esto significa que solo un puñado de individuos se toman el tiempo para descubrir la verdadera naturaleza de esa sensación visceral, incluyendo de dónde viene, cómo puede ser tan exacta y cómo perfeccionarla para su uso futuro. Finalmente esta enigmática sensación visceral es solo un ejemplo de intuición.

El asunto es que la intuición es el lenguaje mismo del alma. Es la forma en que el alma se comunica con la mente consciente e intelectual de un individuo. Como se mencionó anteriormente, cada persona tiene sentidos tanto físicos como no físicos, todos los cuales envían información a una persona con respecto a su vida, entorno y las elecciones que tiene a mano. Al igual que los pensamientos transmiten información física a la mente, la intuición transmite información no física a la mente, proporcionando una comprensión mucho más allá de lo que los sentidos físicos pueden percibir. La comprensión de este lenguaje es la base para desarrollar cualquier habilidad psíquica. Este capítulo explorará el fenómeno de la intuición, incluida su naturaleza, las diversas formas que adopta, los métodos para descubrir y fortalecer la intuición y algunos ejemplos de la vida real de la intuición en acción. Cuando termine de leer este capítulo, tendrá todas las herramientas que necesita para empezar a aprovechar su intuición y descubrir así su pleno potencial psíquico.

¿Qué es exactamente la intuición?

Dependiendo de a quién le pregunte, la intuición puede significar muchas cosas. Algunos la ven como una fuente de conocimiento inherente, la capacidad de saber algo sin tener ninguna información lógica o racional en la que basar ese conocimiento. Otros definirán la intuición como una especie de inspiración, que permite a una persona reconocer las oportunidades a medida que se presentan o encontrar soluciones a problemas que el intelecto simplemente no puede proporcionar. Al final, aunque estas respuestas puedan parecer muy diferentes, son todas correctas. La intuición es el lenguaje que el alma utiliza para transmitir información a la mente. Por lo tanto, ya sea que el alma le diga a la persona de las próximas oportunidades, del peligro que acecha a la vuelta de la esquina, o algún otro tipo de información necesaria, la intuición es el lenguaje que utilizará para transmitir el mensaje.

Debido a que la intuición tiene muchas formas diferentes, ha llegado a ser llamada por muchos nombres distintos a lo largo del tiempo. En el mundo actual, uno de los nombres más comunes que se le da a la intuición es el de "corazonada" o "instinto visceral". Aunque el término "instinto" puede significar algo bastante diferente de la intuición, la forma en que se utiliza para describir un sentimiento que actúa como una advertencia, lo identifica con la intuición en este caso. Sin embargo, la intuición ha sido conocida con otros nombres a lo largo de la historia y en las innumerables culturas que han habitado el mundo. En la antigua Grecia, la intuición de una persona era vista a menudo como la voz de los propios dioses, ofreciendo inspiración o consejo divino. Los artistas atribuían sus habilidades intuitivas a las musas, mientras que los videntes daban crédito a los Destinos por las visiones que tenían. Se puede argumentar que la "voz de Dios" es otro nombre para la intuición, algo que impregna las tradiciones cristianas de todo el mundo hoy en día. Al final, sin importar la cultura o el tiempo que se observe, se encontrará un fenómeno ampliamente reconocido y respetado que refleja claramente la intuición.

La verdadera pregunta es: ¿Cómo afecta la intuición a las habilidades psíquicas? Para entender esto mejor, tiene que comprender el valor del lenguaje. Si se mudara a otro país, uno que no hablara inglés, la única manera de poder moverse en ese país de manera efectiva sería aprendiendo el idioma que los nativos hablaban. Hasta que aprenda su idioma, todo lo que le digan sonará como incoherencias, mientras que todo lo que les diga les parecerá igual de extraño a sus oídos. Aquí es donde el aprendizaje de un idioma puede hacer toda la diferencia. Una vez que estudia sus palabras, puede empezar a entender lo que dicen, mientras desarrolla la habilidad de hablarles directamente. Cualquiera que haya vivido en el extranjero sabrá la gran diferencia que puede haber una vez que se comunica en su lengua materna.

Esta misma relación existe entre la mente consciente y el alma. No importa cuánto se esfuerce una persona, nunca podrá enseñar a su alma a hablar en términos lógicos y racionales. Por lo tanto, para comunicarse claramente con el alma, para entender lo que el alma tiene que decir, es vital aprender el lenguaje de la intuición. Solo entonces puede tomar los sonidos, imágenes y sentimientos que de otra manera serían un sinsentido y traducirlos en los mensajes significativos que son. Cuando domina el lenguaje de la intuición, puede comunicarse con su alma y sus guías espirituales en tiempo real, permitiéndole recibir y transmitir información valiosa a través del tiempo y el espacio, dándole ventajas incalculables a la hora de vivir su vida diaria. Afortunadamente, aprender el lenguaje de la intuición es mucho más fácil que aprender un idioma real con gramática, sintaxis y muchas palabras y frases para memorizar. Sin embargo, no se equivoque, el lenguaje de la intuición puede resultar ser el más rico y complejo que jamás haya encontrado.

¿Quién tiene intuición?

Si la primera pregunta acerca de la intuición es cuál es su verdadera naturaleza, la segunda gran pregunta debe ser necesariamente, ¿Quién tiene intuición? La respuesta es simple y compleja. En resumen, todo el mundo tiene intuición. Cada ser vivo tiene el lenguaje del alma, ya que en teoría, cada ser vivo tiene un alma. Esto significa que cada persona tiene la intuición a su disposición, se dé cuenta o no. Además, numerosos estudios han indicado que los animales e incluso las plantas tienen niveles medibles de intuición. No hace falta decir que este es un concepto enorme para darle vueltas en la mente. Sin embargo, si reconoce que el alma es la esencia de la vida, entonces todos los seres vivos deben tener un alma de algún tipo, y, por lo tanto, intuición en algún grado.

Lo que hace que la respuesta a la pregunta "¿Quién tiene intuición?" sea compleja es que la intuición no es una cantidad definitiva. En otras palabras, no es como preguntar: ¿Quién tiene cabeza? o ¿Quién puede respirar aire? Ambas respuestas son fijas. Todo el mundo tiene una cabeza, y todo el mundo puede respirar, y en su mayor parte, ambas cosas son en gran medida iguales de una persona a otra. Sin embargo, cuando se trata de la intuición, el valor es de naturaleza fluida. Una buena manera de entender esto es considerar la pregunta, "¿Quién tiene músculos?". Bueno, todo el mundo tiene músculos, ya que los músculos son una parte integral del cuerpo humano. Sin embargo, no es cierto que los músculos de todos sean iguales o que todos tengan el mismo potencial de desarrollo muscular. El debilucho de 100 libras que pasa por el gimnasio no tiene la misma musculatura que el culturista de 250 libras del gimnasio. Ambos tienen los mismos músculos, pero en diferentes grados y con diferentes niveles de potencial. Incluso si el niño enclenque fue al gimnasio y se ejercitó, puede que nunca llegue a los mismos niveles que un culturista con una habilidad natural, así es precisamente cómo funciona la intuición.

En resumen, todos nacen con intuición, como todos nacen con músculos. Algunos tienen un cierto potencial natural, lo que les da una intuición más fuerte sin siquiera tener que intentarlo, mientras que otros pueden tener que esforzarse, o al menos, trabajar más duro para desarrollar sus capacidades intuitivas. Además, aquellos que dedican el tiempo y el esfuerzo diariamente para desarrollar y fortalecer su intuición se volverán mucho más fuertes con el tiempo que aquellos que no lo hacen. Por lo tanto, aunque todo el mundo tiene intuición, esto no significa que todos puedan simplemente decirle qué carta tiene en la mano, o aprovechar la mente de su pariente que se fue hace mucho tiempo para transmitir un mensaje que quieren que usted escuche. Tales dones son únicos para individuos específicos, e incluso entonces, deben ser perfeccionados y nutridos para lograr el máximo efecto. El truco es descubrir su potencial inherente en cuanto a la intuición, y luego tomarse el tiempo para desarrollar ese potencial al máximo.

Diferentes formas de intuición

Como ya se ha dicho, no todas las intuiciones son iguales. Por consiguiente, hay muchos "lenguajes" diferentes hablados por el alma, cada uno de ellos es único para el individuo. Algunas personas estarán dotadas de la capacidad de ver las cosas con los ojos de su mente, mientras que otras estarán más dotadas cuando se trata de "sentir su camino" a través de una situación, tomando las decisiones correctas sin ningún conocimiento o experiencia previos. Afortunadamente, estas diversas formas de intuición pueden clasificarse en unas pocas categorías, lo que facilita su comprensión y manejo. Aunque hay hasta seis o siete categorías diferentes, dependiendo de la tradición que se explore, esta sección tratará de las cuatro más comunes. Estas cuatro formas se conocen como clarividencia, clariaudiencia, clarisentencia y clariconsciencia.

La clarividencia es la habilidad de ver claramente con el ojo de la mente. Algunas personas pueden considerar esto como una forma de imaginación, y en realidad, la imaginación de una persona puede tener un gran impacto en sus capacidades clarividentes. Sin embargo, el elemento básico de la clarividencia es la capacidad de ver en la mente una persona, un lugar o un evento tan claramente como si estuviera observando esas cosas con su ojo físico. Las personas con esta capacidad pueden ver eventos futuros, eventos lejanos, o incluso las caras de las personas que verán inesperadamente en los días siguientes. En pocas palabras, la clarividencia es el lenguaje visual del alma. Es cuando el alma envía una imagen al individuo en un intento de informarle de algo significativo. La mayoría de la gente descarta tales imágenes como un desorden en sus mentes, solo para recordarlas más tarde, después de que el evento o la persona en la imagen se ha presentado en la vida real. En cambio, quienes reconocen y desarrollan esta habilidad pueden utilizar esas imágenes para estar mejor preparados para los acontecimientos que se van a producir en su vida, lo que les permite aprovechar al máximo esos acontecimientos cuando se producen.

La clariaudiencia es el lenguaje de la intuición basada en el sonido. A menudo se refiere a la "voz interior" de una persona, es cuando el alma envía información a la mente de la persona en forma de palabras habladas. Demás está decir, que no es el mismo fenómeno que experimentan las personas que tienen episodios esquizofrénicos en los que las voces de sus cabezas les dicen que cometan atrocidades, sin embargo, la voz del alma puede sonar tan real para una persona como la voz de su mente consciente. De hecho, cuando una persona desarrolla su clariaudiencia a altos niveles, puede virtualmente tener un diálogo interno entre su mente consciente y subconsciente, discutiendo y debatiendo el tema en cuestión. La voz interna es quizás la segunda forma más común de intuición experimentada por innumerables personas en todo el mundo. Mientras que algunos la reconocen como intuición, otros la atribuyen a Dios, a los ángeles guardianes, a los guías espirituales y a otros similares. La verdad es que todas estas cosas pueden ser correctas. La clariaudiencia simplemente indica que una persona recibe un pensamiento intuitivo a través de la palabra hablada. Desde donde se pronuncian esas palabras es otra conversación al completo.

Si la clariaudiencia es la segunda forma más popular de intuición, la *clarisentencia* es probablemente la más común. Es cuando la intuición toma la forma de un sentimiento, específicamente un sentimiento visceral. El término "tengo un mal presentimiento sobre esto" es todo menos un cliché, se ha utilizado tantas veces y en muchos entornos diferentes. Aun así, la razón por la que se ha usado tan a menudo se reduce a que casi todo el mundo puede relacionarse con él. Por lo tanto, casi todo el mundo ha tenido una experiencia de la clarividencia en su vida. La mayoría de las veces, se produce cuando un individuo tiene un buen o mal presentimiento sobre otra persona, lo que le da una dirección cuando se trata de tomar decisiones con respecto a esa otra persona. En el caso de tener un mal presentimiento sobre alguien, un individuo puede tomar mejores precauciones para salvaguardar su bienestar. Por otra parte, en el caso de que una persona tenga un buen presentimiento sobre alguien, puede indicar el potencial de una amistad próspera, o en muchos casos, incluso de un matrimonio. Lo que hace que la clarisentencia sea significativa es su casi perfecta precisión, demostrando la naturaleza muy real de la intuición y la información que tiene que ofrecer.

Finalmente, está la *clariconsciencia*. Esta es quizás la más rara de todas las formas de intuición, tomando la forma de una persona que tiene un conocimiento inherente de algo en lo que no tiene experiencia o entrenamiento. Para el observador casual, puede parecer como si una situación o un objeto se revelara simplemente a una persona con clariconsciencia, como si estuviera viendo un manual de instrucciones que nadie más podría ver. Tal persona puede caminar hasta donde necesite estar en un lugar extraño sin necesidad de instrucciones o un mapa. Alternativamente, puede tomar un instrumento complejo y simplemente saber cómo usarlo, como si lo hubiera estado usando toda su vida. Los individuos con esta forma de intuición suelen aprender rápido, ya que combinan sus habilidades cognitivas con su intuición, permitiéndoles aprender algo tanto consciente como inconscientemente al mismo tiempo. Si alguna vez ha "sabido" algo, una respuesta a una pregunta, o cómo realizar una nueva tarea, probablemente ha aprovechado su potencial clariconsciente sin darse cuenta.

Algunos ejemplos de intuición en la vida real

Hay muchos ejemplos de historias de intuición en la vida real en las que una persona usó su conocimiento inherente para tomar una decisión que más tarde resultó ser muy importante, incluso hasta el punto de salvar la vida de las personas. Uno de esos ejemplos ocurrió cuando un avión estaba sentado en la pista de aterrizaje esperando para despegar. Un pasajero oyó un ruido extraño y se alarmó mucho. Al principio, se dirigió a los demás pasajeros que la rodeaban, todos los cuales descartaron sus preocupaciones como una tontería. Finalmente llamó la atención de la tripulación, que también le aseguró que no había necesidad de preocuparse. Impávida, se negó a calmarse hasta que el avión fuera inspeccionado. Al inspeccionarlo, se descubrió un grave defecto que casi con toda seguridad habría provocado que el avión se estrellara durante el vuelo, matando potencialmente a todos los que iban a bordo. Este ejemplo podría entrar en varias categorías de intuición, incluyendo la clariaudiencia por escuchar el sonido, y la clarisentencia por tener un mal presentimiento que simplemente no desaparecería.

Ciertas culturas tratan la intuición con mucho más respeto y aceptación, lo que da como resultado una integración perfecta de la intuición en la vida cotidiana. Quizás el mejor ejemplo de esto es la medicina ayurvédica. Esta es la forma tradicional de medicina que se ha practicado en la India durante casi cinco mil años. Consiste en que el médico toma el pulso del paciente con tres dedos, lo que le permite determinar los desequilibrios energéticos del individuo, así como las posibles formas de tratarlos. Esto mezcla claramente el intelecto con la intuición, proporcionando un enfoque más holístico tanto de la enfermedad como de los métodos para tratarla. No hace falta decir que los médicos de esta tradición necesitan ser tanto expertos en las artes psíquicas como en la ciencia de la medicina.

Desafortunadamente, la mayoría de la gente ha experimentado la intuición en el sentido de que ignoran el mensaje que escuchan, solo para descubrir su significado cuando es demasiado tarde. Un ejemplo de esto ocurrió cuando una mujer necesitaba alcanzar algo en un estante alto de su casa. Mientras agarraba una silla cercana para pararse, escuchó una voz que le decía que no usara esa silla, prácticamente gritándole la advertencia. Desestimando el aviso, procedió a pararse en la silla, que inmediatamente se rompió debajo de ella, dejándola en el suelo con dolor y con el codo dislocado. Mientras estaba en el hospital, prometió escuchar siempre esa voz en el futuro, ya que había demostrado su valor más allá de cualquier duda razonable.

Cómo desarrollar sus habilidades intuitivas

Nuevamente, aunque todos tienen habilidades intuitivas, esas habilidades deben ser desarrolladas para que tengan un valor real. Esto no es diferente a estudiar para aprender un idioma, o poner el tiempo y el esfuerzo para desarrollar músculos más fuertes. Afortunadamente, las técnicas para desarrollar sus habilidades intuitivas son bastante sencillas, y requieren más tiempo que el esfuerzo real para lograr los resultados deseados. Los siguientes ejemplos son algunos de los métodos más comunes y efectivos para fortalecer sus músculos intuitivos

Una de las primeras cosas que una persona necesita hacer para desarrollar habilidades intuitivas es ponerse en contacto con su cuerpo. Con demasiada frecuencia, el ruido y el caos que llena la mente impiden que un individuo escuche el mensaje que su cuerpo le está enviando. A veces ese mensaje puede venir en forma de la típica sensación visceral, pero otras veces, puede venir en forma de palmas sudorosas, aumento de la frecuencia cardíaca, nerviosismo o cualquier otra cantidad de síntomas físicos que pueden servir como advertencia de una fatalidad inminente. Para escuchar el mensaje que su intuición está enviando, debe tomarse el tiempo para comprobar cómo se siente físicamente a lo largo del día. Esto es particularmente cierto si está tomando una decisión, por lo que una reacción física negativa podría servir como una advertencia para evitar una elección particular. También puede ocurrir de repente, cuando su cuerpo reacciona a algo que aún no se ha experimentado. La clave es tomar nota de todas las veces que su cuerpo reacciona de forma inusual. A medida que se sintoniza con su cuerpo, puede empezar a reconocer las señales que le está enviando, utilizando así la información para evitar problemas o errores que pueden resultar costosos. Llevar un diario es una de las formas más efectivas de desarrollar esta conexión. Anote cualquier sentimiento inusual que tenga en un día en particular, registrando cualquier experiencia que corresponda a esos sentimientos. Con el tiempo, descubrirá la diferencia entre la advertencia y la realidad, lo que le permitirá reconocer y utilizar esas advertencias con mayor eficacia.

Lo mismo puede decirse de su voz interior. Si es el tipo de persona que escucha comentarios al azar, especialmente advertencias o instrucciones, entonces probablemente tiene un fuerte sentido de clariaudiencia. Para desarrollar esta capacidad, necesita empezar a prestar atención a los mensajes que escucha. Llevar un diario es una excelente manera de desarrollar esta conexión. A medida que escribe las palabras que escucha durante un día determinado, también puede escribir cualquier evento que haya ocurrido que pueda validar el mensaje contenido en esas palabras. Esto resultará especialmente cierto en el caso de que ignore las palabras y sufra las consecuencias. A medida que grabe las advertencias que ignoró, junto con el resultado no deseado, establecerá tanto un patrón como un sentido de validación que le ayudará a escuchar esa voz, siguiendo sus instrucciones más fácilmente a medida que desarrolle un fuerte sentido de confianza en ella. Además, este ejercicio le ayudará a distinguir entre la voz interior de la intuición y otros sonidos aleatorios que provienen de su imaginación o de su memoria. Cuanto más tiempo y esfuerzo dedique a estudiar las "voces de su cabeza", más fácil le resultará distinguirlas, permitiéndole desechar la basura y seguir los consejos de su intuición.

Por último, está el método de potenciar sus sueños. Una vez más, llevar un diario es uno de los mejores métodos para lograr este objetivo. Cada mañana tómese el tiempo de escribir todo lo que pueda recordar sobre sus sueños de la noche anterior. Al principio, puede que no recuerde mucho, pero a medida que continúe la práctica, descubrirá que el recuerdo de sus sueños mejorará exponencialmente. Además, la intensidad y la frecuencia de sus sueños también aumentarán, haciendo que su tiempo de sueño sea mucho más productivo. Escribir sus sueños lo ayudará a discernir la diferencia entre aquellos que son simplemente fantasiosos, en contraposición a aquellos que son, de hecho, mensajes de su intuición. Pronto sabrá qué sueños escuchar, y cómo entender el mensaje que le están dando. De nuevo, puede comenzar como una cuestión de prueba y error donde entiende el mensaje que un sueño estaba enviando después del hecho. Eventualmente, comenzará a reconocer los mensajes más fácilmente, pudiendo seguirlos y disfrutar de los beneficios que tienen para ofrecer. Esto también contribuirá en gran medida al desarrollo de todas las demás capacidades clarividentes, ya que el desarrollo de los sueños es, en esencia, el desarrollo del ojo de la mente.

Si todavía no está seguro de sus habilidades intuitivas inherentes, el mejor plan de acción es tratar de desarrollar una a la vez, tomando alrededor de un mes en cada caso. Si pasa un mes desarrollando la memoria de sus sueños, pero hace poco o ningún progreso durante ese tiempo, entonces tal vez los sueños no son lo suyo. Intente desarrollar su voz interior a continuación, y si eso produce pocos o ningún resultado, entonces pase a la clarisentencia o la clariconsciencia. Al final, todo el mundo tiene un talento específico en el ámbito de las habilidades intuitivas. Algunos pueden tener ya una buena idea de lo que es ese talento, mientras que otros pueden tener que tomarse el tiempo para descubrirlo por sí mismos. Lo importante es seguir siendo paciente y diligente, poniendo el tiempo y el esfuerzo necesarios para lograr los resultados que vendrán mientras se mantenga el rumbo.

Capítulo 4: Las Claris: clarividencia, clariaudiencia, clarigusto, clariconsciencia y clarisentencia

En el corazón de todas las habilidades psíquicas hay cinco habilidades o dones principales. Estos son comúnmente conocidos como "claris": clarividencia, clariaudiencia, clarigusto, clariconsciencia y clarisentencia. La mayoría de ellas ya han sido discutidas en pequeña medida, pero este capítulo profundizará en cada una de ellas, revelando su verdadero papel en la búsqueda para descubrir y desarrollar sus talentos psíquicos. Además, se darán ejemplos de la vida real, ayudándole a saber si ha tenido alguna experiencia en una o más de estas áreas. En definitiva, cualquier habilidad psíquica puede ser rastreada a una "clari" u otra, lo que significa que cualquier persona con cualquier talento psíquico puede identificarse con al menos una de las habilidades psíquicas discutidas en este capítulo. Además, se comentarán ejercicios y métodos para el desarrollo, dándole las herramientas necesarias para elevar sus habilidades psíquicas al siguiente nivel.

Clarividencia

De todas las "claris", la que probablemente es más conocida por el común de las personas es la clarividencia. Esta es la capacidad de ver claramente con el ojo de la mente, como se describe en el propio nombre, que significa "visión clara". Aunque la clarividencia es un término único, existen numerosas formas de clarividencia, cada una de ellas única a su manera. Por ejemplo, algunas personas pueden ver acontecimientos en la vida de otras personas aprovechando su capacidad de clarividencia. Aquí es donde entra en juego la imagen de un adivino usando una bola de cristal. Mientras que pocos clarividentes utilizan una bola de cristal para aprovechar sus visiones, la imagen en sí es lo importante. Tal persona puede ver una imagen tan clara como el día en su mente, una que involucra a otra persona o grupo de personas. Estas imágenes pueden ser advertencias de un peligro inminente o buenos presagios que apuntan a promociones de trabajo, a conocer a un futuro cónyuge, o incluso al nacimiento de un hijo. Al final, es un poco como soñar despierto con la vida de otra persona, con la única diferencia de que, en este caso, el sueño se hace realidad.

La mayoría de las personas han experimentado la clarividencia al menos una vez en su vida, estén conscientes o no de ello. Aquí es donde entra en juego la segunda forma de clarividencia, vale decir, la de ver a una persona en su mente con la que se cruzará en la vida real en el futuro inmediato. Existen innumerables historias en las que una persona ve la imagen de un amigo o un ser querido, a veces alguien a quien no ha visto en mucho tiempo, solo para recibir una llamada telefónica o una visita sorpresa de esa persona durante el día. Un buen ejemplo de esto es una historia en la que el gerente de una tienda minorista siempre sabía cuándo el gerente de distrito haría una visita sorpresa, porque veía la cara de su gerente de distrito, ya sea en un sueño la noche anterior o en el ojo de su mente durante la mañana mientras se preparaba para el trabajo. No hace falta decir que esto le daba una gran ventaja, ya que siempre estaba preparado antes de la visita "sorpresa", quedando bien con los jefes.

Otra forma de clarividencia es la capacidad de ver un lugar o un evento con el que entrará en contacto antes del hecho. Existen numerosos relatos de personas que "ven" su próxima casa antes de decidir buscar otro lugar para vivir. A primera vista, esto podría no parecer una habilidad importante, sin embargo, puede tener implicaciones muy profundas. Mientras que el mero hecho de que una persona vea una casa incluso antes de buscarla es asombroso, el mensaje que subyace al fenómeno será, la mayoría de las veces, de validación. En otras palabras, saber cómo será su futura casa puede ayudarle a tomar la decisión correcta, rechazando las otras opciones hasta que encuentre aquella para la que su intuición le ha preparado. Lo mismo puede suceder en términos de elegir un nuevo trabajo, un auto, o incluso una pareja. En el momento en que vea el resultado final, ya no tiene que averiguar qué decisión tomar. Esto asegura que siempre tome la decisión correcta.

A pesar de que casi todos han tenido una experiencia clarividente en algún momento, no significa que la clarividencia sea la habilidad psíquica personal de todos. La pregunta, por lo tanto, es ¿cómo sabe si es su habilidad personal? La respuesta simple se reduce a dos cosas: frecuencia e intensidad. Si usted ha tenido numerosas experiencias de ver a una persona o un evento antes de que ocurra, incluso haciéndolo ordinario y mundano en su mente, entonces usted tiene el don de la clarividencia. Además, si sus sueños son vívidos, o puede imaginar cosas en su mente con gran claridad y detalle, entonces la clarividencia es probablemente su don. Una vez que toma esa determinación, el siguiente paso es desarrollar su habilidad al más alto nivel posible.

El primer paso para lograr este objetivo es practicar meditación regularmente. No tiene que hacer nada elaborado, simplemente haga una práctica que le permita aclarar su mente al principio y final de cada día. Aclarar su mente por la mañana le ayudará a aprovechar su clarividencia durante el día, permitiéndole ver las cosas antes de que se desarrollen. Realizar la práctica al final del día le ayudará a soñar mejor por la noche, dándole una mente clara que estará más abierta a las imágenes vívidas del mundo espiritual. Otra técnica probada para desarrollar su clarividencia es llevar un diario clarividente. En este diario, registrará todos sus sueños, junto con las imágenes que reciba durante el día. Junto a cada visión, registrará el evento correspondiente que se desarrolla, reflejando la precisión de su visión. Este ejercicio tiene dos propósitos: primero, creará una sensación de confianza en su habilidad, haciendo que preste más atención al fenómeno y que acepte los mensajes que recibe; segundo, aumentará su conexión con el ojo de su mente. Cuanto más tiempo pase enfocándose en sus experiencias, más fuertes y frecuentes se volverán. Al final, al asegurar que su mente está clara y al registrar sus visiones a medida que ocurren, pronto desarrollará su clarividencia hasta el punto de que verá cualquier evento o resultado simplemente sintonizando con su visión interna, dándole así una ventaja incalculable a la hora de tomar las decisiones y elecciones correctas en cada ocasión.

Clariaudiencia

La siguiente clari a considerar es la de la clariaudiencia. Como ya se ha mencionado, esta es la habilidad de oír con la mente, de ahí el significado del nombre "oído claro". Aunque no es tan común como la clarividencia, este es otro fenómeno psíquico que muchas personas de todo el mundo han experimentado en algún momento. En pocas palabras, es cuando se oye algo que no se puede oír en el mundo físico que nos rodea. La mayoría de las veces, ese sonido será una voz, que normalmente le dirá una palabra, un número o algún otro mensaje como si alguien le susurrara al oído. Desafortunadamente, la mayoría de la gente descarta tales encuentros como un truco del viento o un mero producto de su imaginación. Sin embargo, aquí hay una importante lección. Incluso si tal voz fuera el producto de la imaginación de una persona, eso no significa que el mensaje en sí mismo sea inexacto o sin importancia. Después de todo, ¿qué es la imaginación sino una forma de diálogo interior? Por lo tanto, la mecánica de la clariaudiencia no es tan importante como la naturaleza del evento en sí. Si escucha una voz, una que sabes que no es de su entorno físico, debe escuchar lo que dice sin importar su origen.

Otra forma en que la clariaudiencia toma forma es en la persona detrás de la voz. A veces el mensaje que se transmite no es sobre las palabras que se dicen, sino sobre la persona que las dice. Por lo tanto, si alguna vez pensó que escuchó la voz de una persona, como un amigo o un ser querido, aunque esa persona no estuviera cerca, podría muy bien ser que esté pensando en usted en ese momento o que necesite su ayuda. A veces, un evento de este tipo puede simplemente predecir un encuentro casual con esa persona en particular más tarde en el día, o incluso una llamada telefónica o un correo electrónico de ellos. Lo importante es recordar que si escucha una voz que reconoce, aunque esa persona no esté en ninguna parte, entonces esa persona es importante en el momento por una razón u otra. Depende de usted descubrir ese significado a lo largo del día, ya sea que decida llamar a esa persona para comprobar su estado o simplemente para estar pendiente de ellos durante el día, lo importante es no descartar nunca un evento de ese tipo, ya que podría perderse una experiencia significativa.

Un buen ejemplo de una experiencia real de clariaudiencia ocurrió en un funeral, en el que un marido y padre muy querido fue puesto a descansar. Aunque el funeral se llevó a cabo sin incidentes, fue después del evento que las cosas se pusieron interesantes. Un amigo de la familia había asistido al funeral por cortesía, aunque nunca había pasado tiempo con el hombre que murió. Durante la recepción, se acercó a la hija y le preguntó cómo llamaba su padre a la madre, con apodos o cosas por el estilo. Aturdida por la pregunta, la hija no respondió. En ese momento, el amigo le dijo que había oído una voz en la tumba que decía: "Hola, cariño", tan clara como el día. Su declaración hizo que la hija llorara, ya que resultó que era exactamente como su padre llamaba a su madre todo el tiempo.

Cuando se trata de determinar si la clariaudiencia es o no su conjunto de habilidades, se aplican los mismos elementos que con la clarividencia. Esto es, ¿cuántas veces y con qué claridad escucha las voces? Si escucha voces claramente y con regularidad, es probable que tenga una mayor habilidad en lo que se refiere a la clariaudiencia. Lo siguiente que hay que hacer es desarrollar su conjunto de habilidades tanto como sea posible. Afortunadamente, las mismas técnicas utilizadas para desarrollar y fortalecer la clarividencia son las que necesitará para desarrollar y fortalecer la clariaudiencia. En primer lugar, necesita practicar la meditación regularmente. Después de todo, si su mente está llena de caos y ruido, no será capaz de escuchar mucho más allá de sus propios pensamientos. Sin embargo, cuando su mente esté despejada, oirá con su oído interno tan bien como con su oído físico. A continuación, necesita llevar un diario en el que registre cada encuentro. Al principio, algunas de sus experiencias pueden resultar ser lecturas falsas, consecuencia del desorden que llena su mente, sin embargo, después de que la práctica de la meditación comience a asentarse y su enfoque en su oído interno aumente, sus encuentros se harán más frecuentes, más intensos y, lo más importante, más precisos.

Clarigusto

Quizás el menos común de todos los fenómenos de clarividencia es el del clarigusto. Significa "sabor claro". Esta es la capacidad de prácticamente probar algo sin tener que tenerlo en la boca. Esta habilidad puede parecer completamente inútil a primera vista, después de todo, ¿qué significado puede tener un sabor? Sin embargo, la verdad es que el sentido del gusto, junto con el del olfato, se ha demostrado que son los principales sentidos responsables de activar la memoria de una persona. ¿Cuántas veces ha comido un trozo de pastel o alguna otra comida casera solo para recordar los recuerdos de la infancia de haber comido alimentos de sabor similar? Esta puerta a la memoria puede ser muy efectiva cuando se trata de conectar con amigos o seres queridos, cercanos o lejanos, vivos o fallecidos.

La noción de que un alma difunta continúa amando y cuidando a los que dejó atrás es una creencia común entre innumerables tradiciones de todas las culturas y todos los puntos de la historia humana. Dado que el habla física es imposible para un alma difunta, deben confiar en otra forma de comunicación, una que les permita ser vistos u oídos a pesar del velo que los separa de los vivos. Dado que el gusto puede evocar algunos de los recuerdos más fuertes, ¿qué mejor manera de comunicarse que poniendo un sabor familiar en la boca de la persona con la que están tratando de comunicarse? Por lo tanto, la próxima vez que comience a probar las galletas de su abuela, que ya se fue hace mucho tiempo, en lugar de simplemente descartarlo como una casualidad, tómese el tiempo para contemplar a su abuela, incluso hablándole, diciéndole cuánto la ama y extraña. Hay una gran posibilidad de que ella le diga lo mismo enviándole el sabor de sus galletas, y así recordarla.

El lenguaje del clarigusto no se limita a los difuntos, sino que puede ser igual de efectivo cuando se trata de conectar con personas que aún forman parte del reino físico. Si, por ejemplo, comienza a probar la comida de su madre, aunque esté a cientos de kilómetros de distancia, puede ser algo más que un capricho pasajero: puede que esté pensando en usted en ese momento, haciendo que reaccione experimentando un sabor que le haga recordar su rostro. Alternativamente, ella puede necesitar su ayuda, o estar a punto de llamarle o visitarle. Finalmente, el lenguaje del gusto es un poco vago en el sentido de que no puede proporcionar un contexto claro todo el tiempo, como la clarividencia o incluso la clariaudiencia. Por lo tanto, este es un conjunto de habilidades que realmente necesita ser desarrollado cuidadosamente si se quiere que tenga un valor real.

Una forma de mejorar su capacidad de clarigusto es llevar un diario en el que registre cualquier sabor que se produzca aparentemente de forma inesperada. Junto al sabor, escriba la persona o evento con el que lo asocia. Finalmente, anote cualquier encuentro que pueda explicar el evento en primer lugar. En otras palabras, si se encuentra probando la comida de su madre, y luego recibe una llamada telefónica o una visita de ella más tarde en el día, registre esas cosas juntas, permitiéndose ver la relación entre su experiencia psíquica y su experiencia física. Si esto es algo con lo que no puede relacionarse en absoluto, entonces lo más probable es que no tenga el don del clarigusto. Dado que esta es la más rara de las habilidades de la clarividencia, no sería sorprendente, sin embargo, si esto es algo que ha experimentado de vez en cuando, entonces podría ser uno de los pocos individuos que posean esta habilidad, lo que hace absolutamente vital que dedique el tiempo y la energía necesaria para nutrir y fortalecer este raro y único don.

Clariconsciencia

La clariconsciencia, o "conocimiento claro", es probablemente una de las habilidades más útiles de las claris, que permite a una persona conocer virtualmente una cosa sin haber tenido nunca antes experiencia o entrenamiento en el área. De hecho, esta es la habilidad que más se asocia con el concepto general de la intuición. Una de las definiciones más comúnmente aceptadas de la intuición es la de un conocimiento inherente, algo que se entiende desde dentro y no desde fuera. A veces este conocimiento viene en forma de inspiración o imaginación, haciendo que una persona parezca prácticamente un genio con lo que puede producir o lograr. Otras veces viene en forma de conocimiento oportuno, como el simple hecho de saber que hay que evitar una determinada carretera en un momento determinado, para luego descubrir que un accidente en esa carretera podría haber resultado devastador, tanto en términos de tiempo como de bienestar. Al final, el hilo conductor es que la clariconsciencia es la capacidad de saber más allá de lo que los sentidos físicos pueden percibir. Esto le da a una persona una visión incalculable del mundo que le rodea, permitiéndole alcanzar niveles de éxito con los que pocos sueñan.

Hay muchas formas diferentes en las que la clariconsciencia puede manifestarse en la vida de una persona. Una forma, aunque menos deseable, es la de un constante y persistente pensamiento que no desaparece. A veces esto puede aparecer como la conocida "señal de alerta" cuando se sabe que algo no tiene sentido con respecto a una situación o historia. Aunque no pueda poner el dedo en la llaga en este momento, sabes que hay más de lo que se ve a simple vista. Esto puede confundirse a menudo con la clarividencia y las dos se superponen a menudo, lo que significa que puede tener un mal presentimiento sobre algo, porque las cosas no tienen sentido. Sin embargo, la clariconsciencia va un paso más allá, permitiéndole adivinar la respuesta a su debido tiempo. Algunos se refieren a esto como el proceso de germinación, en el que la semilla de una idea prácticamente crece dentro del individuo, produciendo eventualmente la solución del problema en cuestión. El resultado es ese "momento de eureka" en el que finalmente se comprende una situación particular, aunque desde una perspectiva intuitiva.

Un buen ejemplo de esto es el caso de un mentiroso. La gente con clariconsciencia casi siempre será capaz de detectar a un mentiroso, porque su intuición les dice que hay problemas con la historia que se está contando. Una vez más, un mal presentimiento puede acompañar este evento, uniendo la clarividencia con la clariconsciencia, sin embargo, la persona clarividente eventualmente será capaz de juntar las anomalías de la historia, probando las falsas intenciones de la persona involucrada. Otra forma en que la clariconsciencia toma forma es a través de pensamientos o ideas aleatorias y aparentemente no relacionadas que vienen a la mente. Esto no es lo mismo que el ruido aleatorio que llena la mente de la mayoría de la gente, sino que es cuando una persona tiene un pensamiento o una idea al azar que resulta significativo en el futuro inmediato. Cosas como cocinar comida extra, solo para que lleguen invitados inesperados durante la cena, o cerrar las ventanas antes de salir de casa en un día soleado y sin nubes, contando sus bendiciones cuando ve aparecer fuertes lluvias aparentemente de la nada. Tal conocimiento de los eventos más allá de lo evidente es un claro signo de habilidades clariconscientes.

Es bastante fácil determinar si usted es o no una de las muchas personas con este conjunto de habilidades particulares. Todas las personas clariconscientes tienden a tener un amor por la resolución de problemas, la mayoría de las veces aprovechando su intuición para encontrar soluciones que otros nunca habrían pensado en un millón de años. Además, las personas clarividentes tienden a analizar las cosas con cuidado, dándoles los conocimientos necesarios para tomar la mejor decisión cada vez. Si puede relacionarse con estos rasgos, probablemente seas clarividente. Además, si alguna vez ha hecho algo o tomado una decisión que parece fuera de lugar en el momento, pero que resulta muy correcta y valiosa más adelante, lo más probable es que sepa cómo aprovechar su intuición y seguir su guía.

Desarrollar la clariconsciencia es una cuestión de confianza más que otra cosa. La mayoría de las personas con esta capacidad ya tienen pensamientos claros, el problema es que no siempre actúan sobre esos pensamientos, generalmente, porque no hay una razón lógica para hacerlo, sin embargo, la mayoría de las veces, esos pensamientos demuestran ser verdaderos muy pronto. No cerrar las ventanas en ese día soleado y claro, solo para llegar a casa a un alféizar empapado, es solo un ejemplo de cuando ese conocimiento inherente demuestra ser infalible. La mejor manera de construir esa confianza es llevar un diario, uno en el que se registren los pensamientos que tiene, junto con si es que ha seguido su intuición o no. Luego registrar los resultados. Desafortunadamente, habrá momentos en los que no podrá probar el valor de seguir su intuición. Después de todo, si no gira por una calle, evitando así un accidente del que habría formado parte, ¿cómo lo sabrá? Por lo tanto, la mayor prueba vendrá normalmente cuando no siga la intuición, resultando en las experiencias negativas que podrían haber sido evitadas de otra manera.

Clarisentencia

La última clari que mencionar es la clarisentencia, o "sentimiento claro". Esta es una de las cualidades de la clarividencia más fáciles de reconocer y desarrollar. Ya discutida con bastante detalle en el capítulo anterior, la clarisentencia es la habilidad psíquica de sentir una situación dada. Al igual que en la clarividencia, los sentimientos pueden tender a ser malos en lugar de buenos, lo que indica el propósito de la capacidad. En general, la mayoría de las habilidades psíquicas sirven como advertencias, ayudando a protegerse de los daños o de tomar decisiones de las que se arrepentirá más tarde. Por lo tanto, aprender a reconocer los momentos en los que tiene episodios de clarisentencia puede ser muy útil para mejorar su vida cotidiana, manteniéndolo seguro y en el camino hacia el éxito, evitando los giros que pueden llevarlo por mal camino.

Una de las formas más fáciles de determinar si tiene o no el don de la clarisentencia es considerar cómo responde cuando conoce a la gente por primera vez. Si es fácilmente engañado por gente falsa, entonces probablemente no tiene el don. Sin embargo, si es del tipo que tiene una "corazonada" sobre una persona, normalmente en marcado contraste con su apariencia exterior, entonces este es probablemente su punto fuerte. De nuevo, la mayoría de las veces, la sensación será negativa, advirtiéndole del peligro subyacente inherente a la persona con la que se encuentre o con la que este en contacto. Incluso si esta persona parece digna de confianza y decente, si tiene un mal presentimiento sobre ella, ese sentimiento probará ser correcto tarde o temprano. Cuando ignora el sentimiento y confía en lo que le dicen sus sentidos físicos, lo más probable es que pague el precio por ignorar su intuición. Sin embargo, cuando sigue su intuición, incluso cuando parece completamente equivocada, será el único que quede en pie cuando todo se venga abajo. Si se imagina la docena o más de veces que esto le ha sucedido, entonces felicitaciones, ¡es un clarisintiente!

Demás está decir que los sentimientos instintivos pueden ser causados por la intuición o por lo que comió en el almuerzo, o por la falta de sueño o por cualquier otro número de condiciones que pueden afectar a su salud física y al bienestar. Como tal, debe ser siempre consciente del contexto de sus sentimientos, reconociendo si puede haber otras explicaciones menos siniestras que el engaño o la fatalidad inminente. Dar un paso atrás cada vez que tenga un sentimiento visceral y contemplar su verdadera naturaleza casi siempre dará respuestas inmediatas. Después de todo, su intuición no está para engañarlo, sino para protegerlo. Por lo tanto, si tiene un mal presentimiento que surge de la nada y se tomas un momento para contemplarlo, si es el resultado de su almuerzo, su mente se lo dirá, de una manera u otra.

Sin embargo, si es más significativo, puede estar seguro de que su mente le alertará del peligro real que se avecina. Después de todo, la sensación no es el mensaje en sí mismo, sino que es la llamada a la puerta o el timbre del teléfono. Solo tiene el objetivo de llamar su atención. El truco es reconocerla cuando lo hace, para despejar su mente y aceptar lo primero que se le viene a la mente cuando está en ese estado. Puede tener una imagen de una persona o un evento, o simplemente puede saber que el sentimiento está relacionado con una persona con la que está o con un evento en el que está involucrado actualmente. Tomarse el tiempo para prestar atención a cualquier sensación extraña que tenga, como las sensaciones intestinales, los pelos del cuello o los brazos parados, los síntomas de un ataque de pánico sin razón lógica, o cualquier otra anomalía física que no tenga relación con el momento, es el primer paso para fortalecer este conjunto de habilidades. Cuanto más en contacto con sus sentimientos, más fuertes serán esos sentimientos y más regular ocurrirán.

El siguiente paso es empezar a registrar los eventos en un diario. Solo estudiando sus sentimientos y las circunstancias que los rodean puede comenzar a entender mejor su origen y significado. Esta es también una muy buena manera de ser capaz de distinguir los sentimientos intuitivos de los causados por condiciones fisiológicas. Además, al registrar las veces que has tenido un mal presentimiento sobre alguien, que más tarde resultó ser un peligro de una forma u otra, le permitirá confiar cada vez más en sus sentimientos, ayudándolo así a beneficiarse del mensaje que están tratando de enviar. Al final, el valor de llevar un diario simplemente no puede ser exagerado. Una persona que lleva un diario nunca lucha con sus habilidades psíquicas. Por otra parte, pocas personas que nunca llevan un diario disfrutan de todo el potencial de sus habilidades inherentes. Así que, si quiere desarrollar su habilidad, no importa lo que sea, lo más importante es llevar un diario en el que registre los eventos y luego regresar y revisarlos después para aprender las valiosas lecciones que contienen.

Capítulo 5: Telepatía

Del griego que significa "percepción lejana", la telepatía es el don psíquico que permite a una persona percibir los pensamientos y sentimientos de otra. También conocido como "leer la mente", este don es bastante común, y se asocia más a menudo con personas que comparten un vínculo estrecho, como hermanos o cónyuges. La capacidad de una persona de terminar la frase o el pensamiento de su pareja no es una coincidencia, ni es el resultado de que las dos personas tengan opiniones similares. Por el contrario, es un signo de que dos personas prácticamente comparten los mismos pensamientos. Aunque las parejas pueden desarrollar habilidades telepáticas juntas, normalmente limitadas a sus propios pensamientos y sentimientos, también es posible que un individuo desarrolle esas mismas habilidades, permitiéndole captar los pensamientos y sentimientos de las personas que le rodean, así como de individuos lejanos. En este capítulo se explorará la ciencia que subyace a la telepatía, así como las diversas formas en que se pueden nutrir y fortalecer las capacidades telepáticas. Además, se presentarán ejemplos de la vida real de la comunicación telepática, ayudándole a saber si la telepatía es su don psíquico personal.

Entendiendo la verdadera naturaleza de la telepatía

Lo primero que hay que entender sobre la telepatía es que no es la capacidad de entrar en la mente de otra persona y leer sus pensamientos como si estuviera leyendo una página de un libro. Si este fuera el caso, la palabra griega original habría sido diferente, usando el término para "leer" en lugar de "percibir". El fenómeno se basa, en cambio, en la percepción, o la capacidad de sentir los pensamientos de otra persona. A veces esto puede venir en forma de que los pensamientos de la otra persona aparezcan como propios, mientras que otras veces, el origen del pensamiento particular es más obvio. Sin embargo, el resultado es siempre el mismo: el pensamiento se convierte en su propio pensamiento también. Por lo tanto, en pocas palabras, la telepatía puede verse como la capacidad de compartir pensamientos, tanto en términos de enviar pensamientos a otros así como de recibir pensamientos de otros.

La forma en que se manifiestan esos pensamientos difiere de una persona a otra, y se determina según el funcionamiento de la mente del individuo. En el caso de alguien dotado de clariaudiencia, por ejemplo, los pensamientos de otra persona pueden venir en forma de una voz interior que dice una palabra o frase. Por otra parte, alguien más propenso a la visualización verá imágenes, ya sea de personas, colores, objetos o incluso eventos. Cuando dos personas con mentalidades similares comparten pensamientos, los resultados pueden ser más claros, como imágenes más claras en el caso de dos clarividentes, o sonidos más claros en el caso de dos clariaudientes. Afortunadamente, ambos miembros no tienen que tener cualidades mentales similares, pues simplemente mejora la experiencia.

La ciencia detrás del fenómeno

Los estudios en el cerebro humano han revelado numerosos conocimientos sobre el fenómeno de la telepatía. Una de estas ideas es que la mente está diseñada para recibir señales tanto de fuera del cuerpo como de dentro. El profesor Gregor Domes realizó pruebas en 2007, demostrando que ciertas "señales" dentro de las interacciones sociales pueden ser recogidas por una persona, permitiéndole prácticamente conocer las intenciones de otra persona. La mayoría de las veces, esto se da en el ámbito de las citas, donde se forma cierta química entre dos personas interesadas en iniciar una relación. Cuando una persona está menos dispuesta a que la química falte. Aunque el término "química" se ha usado a menudo de manera casual para describir la naturaleza de la conexión, resulta que el término es mucho más exacto de lo que la mayoría de la gente cree. De hecho, la hormona oxitocina es el principal elemento necesario para recibir estas señales sociales, lo que demuestra que la química en la situación es muy real.

La naturaleza de la telepatía a larga distancia se puso a prueba en 2014 cuando el psiquiatra Charles Grau realizó pruebas para determinar si se podía utilizar Internet para mejorar las capacidades telepáticas. Los experimentos demostraron que las personas en India eran capaces de comunicar palabras como "ciao" u "hola" a personas que estaban tan lejos como España con solo pensar en ellas mientras estaban en línea. No tenían que teclear las palabras, decir las palabras o usarlas de ninguna otra manera. Con solo pensar las palabras claramente en sus mentes, podían transmitirlas a través de miles de kilómetros a los destinatarios en el otro extremo. Aunque este experimento podría ser visto como una prueba de que ciertas personas están altamente dotadas con habilidades telepáticas, la verdadera revelación fue el significado de la propia Internet. Parece que los pensamientos, como cualquier otra forma de comunicación, pueden ser transmitidos electrónicamente. Por lo tanto, puede pensar en ellos como ondas de radio, moviéndose de una persona a otra y, al igual que las ondas de radio, la mejor manera de escuchar el mensaje es estar en la misma longitud de onda que el remitente, literalmente sintonizando su mente.

Otro estudio realizado en 2008 sirvió para localizar la parte del cerebro conectada a la actividad telepática. Se pidió a dos sujetos de prueba, uno experto en telepatía, también conocido como mentalista, y el otro un sujeto de control sin habilidades telepáticas demostrables, que dibujaran una imagen basada en una que había sido preparada en secreto. Mientras que el mentalista producía una imagen sorprendentemente similar, el sujeto de control no lo hacía. Aún más revelador fue el hecho de que el giro parahipocampal del mentalista se activó durante el experimento, mientras que no se activó dentro del sujeto de control. Esto demostró definitivamente la diferencia entre la verdadera telepatía y las meras conjeturas.

Aunque los estudios detallados de los científicos profesionales pueden arrojar mucha luz sobre la naturaleza de la telepatía, solo hace falta una comprensión básica de la ciencia para darse cuenta de cómo la telepatía tiene sentido realmente. Una vez más, se sabe que los pensamientos son señales eléctricas, como las ondas de radio. También se sabe que el agua es un buen conductor de electricidad. Por eso no es una buena idea estar en un charco durante una tormenta eléctrica. Dado que el cuerpo humano está compuesto de alrededor del 60 por ciento de agua, es lógico que el cuerpo de una persona pueda actuar como conductor principal de electricidad, y por lo tanto, un conductor principal de pensamientos. Mientras que esto explicaría las experiencias telepáticas de proximidad, solo la verdadera capacidad psíquica puede explicar los ejemplos de larga distancia, lo que significa que la telepatía puede ser vista como un fenómeno tanto natural como sobrenatural.

Ejemplos de experiencias telepáticas

Uno de los mejores ejemplos de experiencias telepáticas en la vida real se puede encontrar en el reino animal. La simple verdad es que la telepatía no es meramente una habilidad humana, pues se ha descubierto que numerosos animales también la poseen. Las aves son un ejemplo de ello. Cada vez que vea una bandada de pájaros volando en formación, notará que el grupo entero puede girar rápidamente. Así, cuando el pájaro líder cambia de dirección, toda la bandada también lo hace. No hace falta decir que esto previene las colisiones en el aire que harían que volar en bandadas sea peligroso e incluso mortal. La pregunta es, ¿cómo saben las aves cuándo cambiar de dirección? La comunicación telepática es la respuesta. Este es un ejemplo de telepatía de proximidad, en la que un individuo puede determinar la intención de otro. El mensaje viaja de un pájaro a otro en una fracción de segundo, creando un patrón de ondas cuando la bandada cambia de dirección.

Afortunadamente, también hay innumerables ejemplos de comunicación telepática dentro de la especie humana. Algunos de los ejemplos más sorprendentes provienen de relatos de gemelos que compartieron una experiencia similar, aunque sin saberlo en su momento. Una historia involucra a una gemela que se cortó el talón mientras se rasuraba en la ducha un día. Unos días más tarde, ella notó que su gemela también tenía una venda en el talón. Resulta que se había hecho su primer tatuaje en el lugar exacto y en el momento exacto en que la otra gemela se había cortado en la ducha. Aunque esto no es "leer la mente" como tal, demuestra la verdadera naturaleza de la telepatía, es decir, la percepción a distancia.

Otra historia involucra a gemelos que tuvieron su experiencia cuando aún estaban en la escuela. Uno de los gemelos tuvo que quedarse en clase para hacerse un examen mientras el otro fue a hacerse un análisis de sangre. Durante la prueba, un niño notó un vaso sanguíneo roto en su brazo. Unas horas más tarde, cuando los gemelos se reunieron, se dio cuenta de que su hermano tenía un vendaje en el brazo en el mismo lugar, el lugar donde se había inyectado la aguja para el análisis de sangre. Nuevamente, aunque no se trata de tener los mismos pensamientos, se trata de compartir la misma experiencia a través de la comunicación telepática. El proceso de pensamiento de uno se transmitió al otro, en cuyo momento el cerebro envió una señal al cuerpo, causando una reacción fisiológica similar.

Existen numerosos relatos que hablan de cuando un marido y su esposa se envían señales el uno al otro, como por ejemplo cuando uno tiene ganas de parar para comer una pizza de camino a casa, solo para descubrir que al otro se le antoja la pizza, o cuando uno coge un galón de leche que no está en la lista de la compra mientras está en la tienda, para luego descubrir que el otro ha derramado su leche prácticamente al mismo tiempo. Finalmente, por muy convincentes que sean estas historias, el hecho es que siguen siendo historias, y por lo tanto, no son tan convincentes como los datos científicos. Afortunadamente, hay una tendencia innegable en los datos científicos que demuestra, si no pruebas rotundas, que la telepatía es real. Se han realizado innumerables experimentos en los que una persona ha tenido que adivinar cosas, como la identidad de alguien que envía un mensaje o la foto de una tarjeta que alguien tiene en su poder, que han producido prácticamente los mismos resultados. Cuando las personas sin habilidades telepáticas simplemente adivinaron la respuesta, el promedio de éxito fue de entre el veinte y el veinticinco por ciento. Por otra parte, cuando alguien con habilidades telepáticas, como un mentalista, se sometió al mismo experimento, la tasa de éxito casi se duplicó, llegando hasta el 43 por ciento. Esta evidencia innegable demuestra que la telepatía es más que un truco, es más bien un fenómeno muy real y observable. No hace falta decir que si las historias mencionadas anteriormente le resultan familiares, en el sentido de que ha tenido experiencias similares en su vida, entonces apunta al hecho de que la telepatía es su habilidad psíquica inherente.

Cómo desarrollar sus habilidades telepáticas

Muchos de los ejercicios necesarios para desarrollar sus habilidades telepáticas son los mismos que se necesitan para desarrollar cualquier otra habilidad psíquica. Esto se debe a que la naturaleza fundamental de todas las habilidades psíquicas es en gran medida la misma, vale decir, la capacidad de aprovechar sus sentidos internos y entender el mensaje que esos sentidos le están comunicando. Por lo tanto, aunque algunos de los ejercicios que se enumeran a continuación parecerán redundantes, es solo por su importancia absoluta. Solo cuando practique seriamente cosas como meditación y yoga con regularidad, si no a diario, sus habilidades comenzarán a desarrollarse de forma real y significativa. Los siguientes son algunos ejercicios que le ayudarán a aprovechar y fortalecer sus habilidades telepáticas:

- **Meditación:** Nuevamente, para aprovechar sus habilidades psíquicas, debe obtener control sobre su mente, específicamente la cantidad de ruido y desorden que contiene. Así como se hace difícil escuchar lo que otra persona está diciendo cuando está en una habitación ruidosa, también puede ser casi imposible escuchar su voz interior cuando su mente es ruidosa y está llena de caos. Por lo tanto, es muy recomendable practicar regularmente meditación de relajación, ya que esto le ayudará a calmar su mente, permitiéndole así desarrollar una conexión más fuerte con su voz interior. Además, la meditación de atención plena es una buena práctica para desarrollar sus habilidades telepáticas, ya que este tipo de meditación está diseñada para fortalecer su capacidad de centrarte en un solo pensamiento o idea, sosteniéndolo el tiempo suficiente para captar su significado a fondo antes de soltarlo nuevamente. Para obtener los mejores resultados, se recomienda que practique ambos tipos juntos, comenzando con la meditación de relajación para aclarar su mente y luego pasando a la meditación de atención plena para ejercitar sus poderes de percepción.

La última forma de meditación necesaria para desarrollar sus habilidades telepáticas es la de la visualización. Este tipo de meditación lo ayudará a fortalecer su habilidad para visualizar un objeto, persona, evento o idea con mayor claridad y convicción. Dado que solo los pensamientos más fuertes viajan bien, debe pensar clara y profundamente si alguna vez quiere enviar sus pensamientos a otra persona. Esta es otra forma en la que los pensamientos pueden ser vistos como similares a las ondas de radio. Las transmisiones de radio débiles solo viajan distancias cortas y normalmente son difíciles de escuchar por el resto de los ruidos alrededor. Por el contrario, las señales de radio fuertes pueden viajar grandes distancias, anulando todo el ruido no deseado y captando así la atención del oyente. Al desarrollar su habilidad de visualización, se asegurará de que la señal que envíe a los demás sea fuerte, clara y potente, consiguiendo así que el mensaje deseado llegue en todo momento. Todos los pasos para estas formas de meditación están claramente explicados en el capítulo anterior sobre la meditación.

• **Yoga:** Se recomienda que practique yoga así como meditación de relajación para despejar su mente y lograr el estado de relajación necesario para conectar con sus habilidades psíquicas internas. Además de profundizar en el estado de relajación de su mente, el yoga tiene muchos beneficios fisiológicos que le ayudarán a mejorar sus habilidades telepáticas. Uno de estos beneficios es la mejora del flujo sanguíneo al cerebro. Al estirar los músculos, se libera la tensión que puede reducir el flujo de sangre que lleva oxígeno al cerebro, mejorando así la claridad mental. Cuanta más sangre reciba el cerebro, más oxígeno recibirá. El oxígeno es vital para cosas como la claridad de pensamiento, la memoria y la capacidad de visualizar, lo cual es fundamental para cualquiera que intente desarrollar su comunicación telepática. El yoga puede ser practicado en conjunto con la meditación o practicado por sí solo. Lo importante es integrar el yoga en su vida diaria para darle una mejor oportunidad de éxito en el desarrollo de cualquier habilidad psíquica.

- **Práctica uno a uno:** Dado que la telepatía requiere un mínimo de dos participantes, esta es una de las habilidades psíquicas que puede desarrollar con la ayuda de otro. Aunque puede elegir a cualquier persona para que le ayude en este ejercicio, se recomienda que elija a alguien que tenga, como mínimo, una mente lo suficientemente abierta como para creer en la telepatía y, como máximo, alguna experiencia propia en relación con la comunicación telepática. Si elige a alguien que no cree en el proceso, sus resultados se verán afectados. Una vez que encuentre una pareja adecuada, el siguiente paso es crear algunos ejercicios que le ayudarán a perfeccionar sus habilidades telepáticas. Uno de los mejores ejercicios es jugar al conocido: "¿Qué carta tengo?". Siéntense en una mesa frente a frente y haga que su pareja saque una carta al azar de un mazo de cartas. Déjelo mirar la carta durante unos diez segundos, concentrándose fuertemente en lo que ve. Mientras mira su carta, tómese el tiempo de despejar su mente de todos los pensamientos, manteniéndola abierta para recibir su mensaje. A continuación, dé un paso a la vez. No intente ver la carta exacta al principio, sino que intente ver el color. Puede hacerle preguntas que lo lleven a la respuesta. Si ve el rojo en su mente, pregúntele si la carta es roja. Luego, trate de ver si es una carta numérica o si es una carta de cara. Estos son los elementos más significativos de la carta, así que serán la mayor parte del mensaje. Si no ven una imagen, como la de una reina, un rey o una jota, pregunten si es una carta numérica. Si dicen "sí", entonces sigan reduciendo el número específico y la pinta específica. Al final, acertar con la mitad de los elementos es una señal de que está haciendo algo más que adivinar, así que no lo vea como un fracaso. Además, a medida que pasa el tiempo, verá que sus resultados mejoran a medida que su habilidad aumenta.

Otro ejercicio que utiliza el mismo escenario es invertir los papeles, permitiéndole actuar como emisor. Haga que la otra persona intente escuchar sus pensamientos acerca de la tarjeta que tiene en la mano. Después de todo, esta es la verdadera naturaleza del ejercicio. No está tratando de adivinar la tarjeta, ni tampoco está tratando de aprovechar la mediumnidad o la clarividencia para leer la tarjeta, sino que está tratando de escuchar el mensaje que la otra persona le está enviando, o en este caso, enviar un mensaje a la otra persona. Actuar como el remitente le ayudará a fortalecer su capacidad de visualización, lo que puede ayudarle a ver las imágenes que otra persona le está enviando. Por lo tanto, utilice ambos roles regularmente, aprovechando la oportunidad de desarrollar sus habilidades como receptor y emisor. Esto es particularmente cierto si le cuesta leer los mensajes que le están enviando. Al cambiar de rol, puede darse un respiro y al mismo tiempo fortalecer las habilidades que le permitirán recibir los mensajes con mayor claridad y precisión.

Capítulo 6: Mediumnidad

La mediumnidad es una de las formas más complejas de habilidad psíquica, que consta de numerosas formas, cada una de las cuales conlleva sus propias y únicas habilidades y resultados. A menudo confundida con las habilidades psíquicas generales, la mediumnidad es uno de los dones más raros de encontrar dentro de la comunidad psíquica. Este es otro ejemplo en el que, aunque todos los médiums son psíquicos, no todos los psíquicos son médiums. Comparado con todas las otras formas de práctica psíquica, la mediumnidad es la que trabaja más estrechamente con el mundo espiritual. Esto se debe a que la naturaleza misma de la mediumnidad requiere de al menos un guía espiritual para realizar cualquier actividad orientada a los médiums. Este capítulo explorará el fascinante campo de la mediumnidad, mostrando cómo se distingue de las habilidades psíquicas generales, así como cuáles son las diversas formas que puede adoptar la mediumnidad. Además, se abordará cómo puede saber si tiene las habilidades necesarias para practicar la mediumnidad, así como varios métodos para perfeccionar y fortalecer las habilidades de los médiums.

Entendiendo la diferencia entre un médium y un psíquico

Uno de los mayores malentendidos acerca de las habilidades psíquicas es creer que todos los psíquicos son de alguna manera iguales. En cierto modo, es un poco como decir que todos los artistas son iguales. No hace falta decir que esto es obviamente falso, ya que cualquiera sabe que el arte consiste en un rango diverso de formas, cada una de ellas es única y que requiere habilidades y talentos específicos. Por ejemplo, no se esperaría que un artista que pinta fuera capaz de crear una escultura a partir de un solo bloque de piedra. Tampoco le daría a un escultor un juego de pinturas y le diría que creara una obra maestra. Aunque ambos son artistas, sus talentos son muy diferentes, lo que significa que no son intercambiables. Los psíquicos son iguales. Un médium no es necesariamente un clarividente, ni un telépata es necesariamente un médium.

Como ya se ha dicho, un psíquico es alguien que tiene un fuerte conjunto de sentidos internos, similares a los sentidos físicos, pero que no requieren de una entrada física, sin embargo, ahí es donde generalmente terminan las similitudes. A partir de ahí, cada forma diferente de práctica psíquica toma su propia forma y requisitos, haciéndola adecuada solo para un número selecto de personas con habilidades psíquicas. La mediumnidad es un ejemplo perfecto de esta dinámica. Aunque la práctica de la mediumnidad se basa en algunas de las habilidades psíquicas generales, específicamente las cinco claves, tiene una dimensión adicional que la distingue de todas las demás disciplinas psíquicas. Esa dimensión es la necesidad de un espíritu guía. La mayoría de las demás actividades psíquicas pueden ser realizadas por un individuo sin ninguna ayuda de otra entidad. En cambio, la mediumnidad requiere otra entidad, lo que hace que esta sea más una relación que una mera práctica.

La naturaleza de esta relación puede explicarse mejor en el propio nombre. La mediumnidad viene de la palabra raíz "médium", que se define como un canal o medio de comunicación. Por lo tanto, una persona que es médium actúa como una radio virtual a través de la cual un espíritu transmite un mensaje. Esto no quiere decir que todos los mensajes sean verbales, sino que pueden llegar de muchas maneras diferentes, incluyendo la adivinación, la escritura automática, bloques de humo y muchas otras formas de comunicación. Al final, lo más importante que hay que tener en cuenta es que el médium no es la fuente del mensaje, sino que es simplemente el mensajero, que da voz a un espíritu difunto, un ángel u otra entidad que necesita comunicarse con una persona viva.

Diferentes tipos de mediumnidad

Lo que hace que la mediumnidad sea tan compleja es que las diversas formas que toma son bastante diferentes, al punto que no todos los médiums son capaces de practicarlas todas. Tal vez la forma más común en términos de cultura popular es la mediumnidad física. Esto es comúnmente retratado en las películas o en la televisión, donde un médium entra en trance y puede hacer levitar una mesa, como en la mayoría de las representaciones de una sesión de espiritismo. Mientras que la imagen retratada en la cultura popular tiende a tratar la práctica de la mediumnidad física como un mero artilugio o truco de fiesta, la verdad es muy diferente. Los médiums físicos se dedican a su práctica diaria, normalmente de forma que les permite obtener conocimientos sobre cuestiones actuales e importantes. La adivinación puede considerarse un ejemplo de esta práctica. Aunque un individuo puede practicar la adivinación en teoría, la mayoría ha llegado a creer que un espíritu guía es necesario para producir lecturas precisas. Por lo tanto, es la relación entre el espíritu y el médium lo que permite a un individuo dibujar la carta correcta del tarot o lanzar la runa perfecta. El truco está en que el individuo se entrega al espíritu, renunciando a su voluntad y deseo para permitir que el espíritu actúe a través de ellos. Solo entonces puede ocurrir una comunicación clara, sin importar la forma que tome.

Otra forma de mediumnidad es conocida como mediumnidad espiritual, la que se basa en gran medida en las cinco claves, utilizando cosas como la capacidad de una persona para ver, oír, sentir y saber solo con sus sentidos internos. Aunque un médium puede elegir entrar en un estado de trance para lograr el objetivo de obtener un mensaje de otro mundo, esto no siempre es necesario, pues una persona puede simplemente despejar su mente para hacer espacio para que el mensaje entre. Lo importante es que el médium puede dejar de lado sus pensamientos y sentimientos personales para permitir que el mensaje del espíritu entre en su mente y con claridad. Esta es una de las principales razones por las que la mediumnidad es más rara que muchas otras formas de actividad psíquica. Se necesita el más alto nivel de claridad y control para comunicarse efectivamente con los espíritus, por lo que se requiere de alguien con habilidades muy avanzadas para esta práctica.

Antes de pasar a las otras dos formas de mediumnidad, hay que señalar que la mediumnidad física y la espiritual tienen muchas similitudes, lo que las hace igualmente adecuadas para alguien con los talentos inherentes de mediumnidad. Una similitud es que las almas difuntas son a menudo el espíritu contactado para la comunicación. Nuevamente, la sesión de espiritismo icónica es un buen ejemplo de esta actividad. Cuando una persona quiere contactar con un ser querido que ya ha fallecido, puede recurrir a un médium para que actúe como puente, transmitiendo el mensaje de la persona viva al difunto y, de forma similar, transmitiendo cualquier mensaje que el alma difunta quiera enviar como respuesta. El mensaje del espíritu puede venir en forma de palabras habladas, una imagen, o incluso un mensaje escrito en forma de escritura automática, también conocida como psicografía, literalmente "escritura psíquica".

El siguiente tipo de médium a investigar es la médium sanadora. Esto a menudo viene en la forma de una persona que pone sus manos sobre un individuo enfermo o con problemas, enviando así energía curativa al individuo, permitiéndole recuperarse de su aflicción. Aunque esto puede parecer una sanación psíquica general, la principal diferencia es que el médium se apoya en otro espíritu o entidad para que actúe como fuente de la energía. Por lo tanto, no es solo la energía del médium la que actúa, sino que es la energía de un espíritu guía, un ángel o el propio universo la que viaja a través del médium y llega a la persona afligida. Este fenómeno puede verse en muchas tradiciones chamánicas en las que un curandero o un sanador canalizan energías sobrenaturales a través de su cuerpo para curar a una persona o, en algunos casos, expulsar a un espíritu oscuro o malévolo. El vudú es otra tradición que realiza esta práctica regularmente.

El último tipo de mediumnidad a examinar es la mediumnidad de canalización. En cierto modo, es como las otras formas ya discutidas en las que una persona canaliza mensajes, energías o algún otro elemento hacia o desde espíritus de una u otra forma. Sin embargo, la principal diferencia aquí es que el espíritu o espíritus contactados se limitan a unos pocos selectos. En otras palabras, un médium canalizador solo se comunica con espíritus específicos, como un profeta que se comunica con un poder superior. Esto significa que tal médium no sería apto para realizar una sesión de espiritismo, ya que los espíritus en cuestión no serían necesariamente los elegidos por ellos para actuar como médium. En su lugar, los médiums canalizadores son, la mayoría de las veces, mensajeros autoproclamados de entidades específicas. Estas entidades son a menudo seres superiores, como los ángeles o incluso la deidad suprema. Alternativamente, pueden ser entidades de otra dimensión o dominio de la existencia. Al final, los médiums canalizadores son elegidos por sus guías espirituales para realizar funciones específicas o dar mensajes específicos. Esta es probablemente la forma más rara de mediumnidad y la que la mayoría de la gente descarta como un engaño simplemente, porque no siempre pueden verificar la información que se presenta.

Algunos ejemplos de mediumnidad de la vida real

En lugar de proporcionar ejemplos concretos de mensajes transmitidos a través de la mediumnidad, probablemente sería más impactante proporcionar ejemplos de la vida real, muchos de los cuales probablemente ya han oído hablar, pero nunca han sido identificados como médiums. Uno de los mejores ejemplos de un médium moderno es Edgar Cayce. Aunque se refirió a sí mismo como un clarividente, esto no quita el hecho de que la naturaleza de sus habilidades apunta a que es un médium hábil. La razón principal de esto fue el hecho de que siempre encontró sus mensajes en los sueños. Esto refleja el estado de trance en el que la mayoría de los médiums se basan para quitar sus pensamientos y deseos personales, lo que les hace más abiertos a recibir mensajes del mundo de los espíritus. También conocido como el "profeta durmiente", fueron sus convicciones religiosas las que también le dan crédito como médium y no solo como clarividente.

Otro grupo de personas a considerar cuando se trata de la mediumnidad en la vida real son los profetas. Ya sean los profetas del Antiguo Testamento, el profeta Mahoma o cualquier otro individuo que afirme hablar en nombre de Dios o de otra deidad, la simple verdad es que la dinámica de esa comunicación no es otra que la mediumnidad. Los profetas son un buen ejemplo de médiums canalizadores, elegidos para transmitir mensajes de espíritus específicos y solo de esos espíritus. Muchas veces estas personas no tenían educación, siendo escogidos aparentemente al azar para realizar la tarea en cuestión. El propio Moisés podría ser considerado un médium, ya que actuó como el portavoz de Dios en el relato del Éxodo. Independientemente de que suscriba o no una creencia religiosa en particular, estos individuos todavía encarnan la verdadera naturaleza de la mediumnidad, es decir, la capacidad de actuar como un puente entre el mundo de los espíritus y el mundo físico, a través del cual los mensajes de diversos tipos pueden fluir en ambos sentidos.

Si la prueba científica es más su estilo para entender la realidad de la mediumnidad, entonces el siguiente ejemplo es ideal para usted. Se realizó un estudio en Brasil con diez sujetos de prueba para determinar si había o no algún cambio en la actividad cerebral durante la práctica de la psicografía, o la escritura automática. Cinco de los sujetos habían estado practicando durante muchos años, mientras que los otros cinco eran relativamente nuevos en el campo. A cada sujeto se le inyectó un colorante que permitía vigilar la actividad cerebral. Si bien cada sujeto produjo un documento psicográfico, no todos los resultados fueron iguales. Los más avanzados en el campo mostraron una disminución significativa de la actividad en el área del cerebro utilizada para el enfoque, la planificación, el razonamiento y similares, es decir, las regiones del lóbulo frontal del cerebro, en comparación con cuando escribían normalmente, utilizando sus propios pensamientos e intelecto. En cambio, los recién llegados demostraron mayores niveles de actividad en esas áreas, lo que indica un aumento de la concentración por su parte.

A pesar de la diferencia en la actividad cerebral, lo único que los diez participantes tenían en común era el hecho de que sus escritos psicográficos eran todos más complejos en sustancia y naturaleza que sus escritos ordinarios, algo que los investigadores simplemente no podían explicar. Según los científicos, los escritos ordinarios deberían haber sido los más complejos, ya que se les dio la atención y el enfoque más consciente. El hecho de que los diez pudieran desconcertar a los investigadores de esta manera demostró que la psicografía más que un engaño, es un fenómeno real, que demuestra que algo fuera de lo común realmente ocurre en esta forma de mediumnidad. Además, los cinco médiums avanzados deberían haber mostrado mucha menos claridad y complejidad en sus escritos, ya que su enfoque y razonamiento se vieron significativamente disminuidos, de manera muy similar a como habría ocurrido después de varias bebidas alcohólicas. Inexplicablemente, los suyos fueron los escritos más complejos e inteligentes, lo que sugiere que realmente canalizaron las comunicaciones del reino de los espíritus.

¿Es la mediumnidad adecuada para usted?

La siguiente pregunta que hay que abordar es si la mediumnidad es adecuada para usted. Afortunadamente, hay algunas señales reveladoras cuando se trata de identificar un médium nato. Una de ellas es la capacidad de sentir los cambios en la energía de un área determinada. Podría sentir una caída repentina de la temperatura o un cambio en la "densidad" del aire sin razón aparente. Si esto le sucede regularmente, podría indicar su capacidad de sentir los espíritus que están presentes. Además, si recibe imágenes o escucha mensajes al mismo tiempo que percibe un cambio en el entorno, esto sugiere claramente que no solo puede percibir los espíritus, sino que también puede comunicarse con ellos de forma fácil y natural.

Otra señal de que podría ser médium es si ve las cosas por el rabillo del ojo. La mayoría de las veces, tales actividades periféricas son a menudo descartadas como un truco del ojo o sombras y cosas por el estilo. Sin embargo, también es posible que estos sucesos sean una señal de que puede reconocer la actividad espiritual en su entorno. La conclusión es que cualquier cambio en la energía producirá una anomalía visible, una que puede ser demasiado sutil para que sus ojos la vean cuando se enfoquen en el área en cuestión, como una estrella tenue que solo puede verse al cambiar su enfoque a la izquierda o a la derecha de ella. Sin embargo, la visión periférica a menudo puede detectar tales anomalías, ya que la mente está menos enfocada en filtrar las señales entrantes de esas partes del ojo. Por lo tanto, si ve movimiento por el rabillo del ojo, incluso cuando no hay nada físicamente, podría estar viendo las energías de los espíritus que le rodean.

Escuchar mensajes que luego resultan ser verdaderos es otro signo revelador de que tiene capacidades de mediumnidad. Aunque la clariaudiencia no siempre es el resultado de guías espirituales o entidades, puede ser una de las principales formas que un espíritu elige para comunicarse con un médium. Esto se debe a que la audición es el segundo sentido más fuerte cuando se trata de recibir información. Como los espíritus no pueden ser vistos con el ojo físico, la mente está más abierta a escuchar a un espíritu, y como resultado, permite a un médium prácticamente escuchar el mensaje que se está entregando. Por lo tanto, antes de que empiece a pensar que ha perdido la cabeza, porque oye o ve cosas por el rabillo del ojo, considere la posibilidad muy real de que pueda ser un médium nato.

Cómo desarrollar sus habilidades de mediumnidad

Si siente que la mediumnidad es su tipo de habilidad psíquica, entonces el siguiente paso es afinar y fortalecer sus habilidades de médium. Afortunadamente, hay varios métodos simples y probados para lograr este objetivo, cada uno de los cuales puede ser implementado en su vida cotidiana de manera rápida y fácil. Uno de los métodos más importantes es realizar las prácticas que le permitan tener la mente clara en cualquier momento. La meditación y el yoga son los dos ejercicios principales que le ayudarán a dominar la claridad de la mente, por lo tanto, debe practicarlos con regularidad, si no a diario.

Otra buena práctica es crear un ritual que le ayude a meterse en el ambiente y también que le permita cerrar la puerta cuando haya terminado de comunicarse con el mundo de los espíritus. Este ritual puede tomar cualquier forma, así que sea creativo y expresivo, eligiendo el escenario, las actividades y las palabras que mejor le funcionen. Por ejemplo, puede elegir quemar algo de incienso para centrar su mente en el momento presente mientras reza a los espíritus para que le ayuden a escuchar y entender su mensaje. Después de la sesión, puede apagar el incienso y comenzar la meditación de atención plena, ayudándose a centrarse en su entorno físico una vez más.

Tal vez el paso más importante para mejorar sus habilidades de médium es practicar la comunicación con sus guías espirituales. No hace falta decir que cualquier médium tendrá al menos un espíritu guía específico para ellos, un ángel guardián, por así decirlo. Comience a conversar con su guía espiritual como lo haría con una persona normal. Dígales las cosas que tiene en la mente, tanto buena como mala. Empiece a pedir ayuda para resolver los problemas, y luego escuche la inspiración que le dan. Si es un médium nato, verá los resultados instantáneamente: escuchará palabras inspiradoras, verá imágenes y conocerá la respuesta tan pronto como haga su pregunta o exprese su preocupación. La comunicación con su guía espiritual no siempre tiene que ser sobre el trabajo, sino que puede simplemente conversar con ellos, preguntándoles cosas como su aspecto, si alguna vez tuvieron una forma física. Preguntarles su nombre es otra excelente manera de establecer comunicación con su guía espiritual. Una vez que escuche su nombre, úselo cuando hable con ellos, ya que esto ayudará a fortalecer su vínculo. Sin embargo, una advertencia: trate de limitar su comunicación verbal a los momentos en los que sepa que estará solo, a menos que le parezca bien que otras personas piensen que ha perdido la cabeza. Con el paso del tiempo, interiorizará sus conversaciones, permitiéndose así hablar con su guía espiritual en cualquier lugar y en cualquier momento.

Capítulo 7: Psicometría

La siguiente habilidad psíquica a explorar es la psicometría. Esta es la capacidad de determinar información específica sobre un objeto con solo sostenerlo. En otras palabras, alguien con habilidades psicométricas puede tomar una moneda o un billete y ver dónde ha estado esa moneda o ese billete en el pasado. No hace falta decir que esta habilidad no se limita al dinero, sino que puede realizarse con cualquier objeto, incluidos artículos de ropa, muebles e incluso casas u otros objetos en general. La premisa básica detrás de esta habilidad es que un objeto absorbe una cierta cantidad de energía de cada persona y evento que encuentra, muy parecido a la huella de un pulgar. Por lo tanto, tiene la memoria de esa persona o evento, y alguien con habilidades psicométricas puede aprovechar esa memoria, y así echar un vistazo al pasado, aunque sea reciente o se remonte a la historia antigua. Este capítulo tratará los detalles de la psicometría, incluyendo sus usos, si es o no la habilidad psíquica correcta para usted, y las formas de aprovechar y fortalecer cualquier habilidad psicométrica que pueda tener. Cuando haya terminado de leer este capítulo, sabrá si la psicometría es o no su habilidad psíquica inherente.

¿Qué es la psicometría?

La palabra psicometría viene del griego antiguo se traduce como "la medida del alma". Esta definición puede tener dos significados diferentes. Por un lado, la parte "psíquica" de la palabra puede referirse al hecho de que la psicometría es un don psíquico, uno que se realiza con sus sentidos internos en lugar de sus cinco sentidos físicos. Sin embargo, por otro lado, también puede indicar que lo que está midiendo es la energía del objeto mismo. Esto, en esencia, sugiere que está conectando con el alma misma de un objeto o lugar en particular, de manera muy similar a como la telepatía está conectando con la mente de otra persona. El hecho de que crea que los objetos tienen alma o que simplemente acumulan energía residual es de poca importancia. La conclusión es que una persona con habilidades psicométricas puede leer la energía que contiene un objeto.

Una vez más, una buena manera de ver esto es imaginando que cada persona que toca un objeto deja una pequeña cantidad de su energía en ese objeto, de la misma manera que deja sus huellas digitales cuando toca ese objeto y al igual que las huellas dactilares pueden ser utilizadas para identificar a una persona, también los es la energía residual dejada en un objeto. Esto es particularmente cierto en el caso de un objeto que es usado regularmente por la misma persona. Algo como un cepillo de pelo, una cartera o un par de gafas pueden contener una enorme cantidad de energía residual de un solo individuo, facilitando que alguien con habilidades psicométricas obtenga una imagen clara de quién es o era esa persona. Además, los artículos asociados con eventos específicos, como equipos deportivos o militares, pueden poseer la energía de un evento, permitiendo a un experto psicométrico ver que se ha marcado una anotación con solo sostener la pelota ganadora del juego.

Tal vez una mejor manera de imaginarlo es pensar en la energía residual como una foto instantánea, una sola imagen que refleja dónde ha estado ese objeto. Alguien con habilidades psicométricas puede literalmente leer las imágenes contenidas en un objeto, viendo así la historia del objeto, sin embargo, aquí es donde las cosas pueden ponerse un poco peligrosas. Por ejemplo, armas como bayonetas o espadas pueden contener la imagen del brutal asesinato de un combatiente enemigo. Asimismo, edificios como hospitales o prisiones pueden contener energía residual de naturaleza negativa, lo que hace que las imágenes presentadas sean mal interpretadas. Por lo tanto, siempre es vital elegir los objetos que leerá con mucho cuidado, ya que las imágenes que contienen pueden ser cualquier cosa, desde las más maravillosas hasta las más horribles. Además, es comúnmente aceptado que cuanto más intensa es una situación, más energía crea esa situación. Por lo tanto, los objetos pueden tener imágenes más claras de los eventos más negativos, ya que esos son usualmente los que crean la energía más intensa. Esto hace que sea más importante elegir los objetos que se leen con mucho cuidado.

¿Cómo saber si la psicometría es adecuada para usted?

Cuando se trata de determinar si tiene o no habilidades psicométricas, esto también puede ser un ejercicio de naturaleza bastante negativa. Esto se debe a que la mayoría de los signos reveladores de las habilidades psicométricas son estresantes y desagradables, a menudo causando a una persona una gran angustia. Un ejemplo de esto es si se siente abrumado u oprimido cuando está en una tienda de antigüedades. Aunque muchas personas pueden pasar horas mirando todas las maravillosas y misteriosas reliquias del pasado, cualquier persona con habilidades psicométricas tenderá a deprimirse e incluso a angustiarse en un lugar así. Esto se debe a que toda la energía residual de los objetos presentes abrumará sus sentidos, de forma similar a como se encienden cientos de radios a la vez. Por lo tanto, si se siente incómodo cuando está cerca de objetos antiguos, especialmente en el caso de estar en una tienda de antigüedades o en una tienda de segunda mano, entonces probablemente sea un buen candidato para la psicometría.

Otra forma de saber si tiene habilidades de psicometría es si se siente pesado o triste en edificios antiguos. Nuevamente, lugares como hospitales, prisiones o cualquier otro lugar donde la energía sería altamente negativa, sin duda tendrá un impacto en casi cualquier psíquico, incluso en aquellos sin talentos o habilidades psicométricas inherentes. Sin embargo, si lugares comunes como casas antiguas, estaciones de tren o incluso edificios antiguos convertidos en restaurantes le causan depresión, fatiga o incluso ansiedad, entonces es probable que sea alguien con habilidades psicométricas naturales. El hecho de no sentirse cómodo con ropa de segunda mano, usando muebles viejos y otros problemas similares con cualquier cosa que se haya usado antes es casi siempre un signo claro de las habilidades psicométricas.

Las sensaciones que se obtienen de lugares antiguos, o de objetos antiguos, no siempre tienen que ser negativos para indicar las habilidades psicométricas. Esto se reduce al simple hecho de que la empatía es el centro de la psicometría. Por lo tanto, cuando un empático puede controlar el flujo de información que entra, puede evitar el impacto negativo de lugares como tiendas de antigüedades y similares. Esto se debe a que no se sienten abrumados por la energía que los rodea. Como resultado, en lugar de estresarse o fatigarse, pueden simplemente sentir la energía que les rodea, de forma muy parecida a como se escucha el sonido ambiental de numerosas conversaciones en un restaurante. Por lo tanto, si los lugares antiguos se sienten diferentes para usted, o los objetos antiguos tienen una cualidad que los diferencia de los nuevos, la psicometría probablemente sea la adecuada para usted.

Aplicaciones de la piscometría en la vida real

Como cualquier otra habilidad psíquica, la psicometría puede tener algunas aplicaciones muy útiles en la vida diaria. Dicho esto, esas aplicaciones serán mucho menos que las asociadas a un talento, como la telepatía, en la que se puede obtener información en tiempo real, ayudando a una persona a tomar las mejores decisiones y elecciones cada vez. No obstante, la psicometría puede resultar más útil que un mero tema de conversación en las fiestas. Una forma en que la psicometría puede ser utilizada es en el área de las antigüedades en sí. Las falsificaciones y las imitaciones son comunes en el mercado de las antigüedades, proporcionando un negocio lucrativo para aquellos que pueden hacer pasar dichas imitaciones a los posibles compradores. Sin embargo, una persona con habilidades psicométricas será capaz de diferenciar entre una antigüedad real y una falsa solo por la firma energética del objeto. No importa lo viejo que parezca un objeto, si es relativamente nuevo, carecerá de la profundidad de energía que posee una verdadera antigüedad. Incluso el más novato practicante de psicometría puede distinguir un nuevo objeto de uno antiguo con solo sostenerlo por unos segundos.

Otra aplicación, tal vez una más probable en la vida cotidiana, es identificar el propietario de un objeto perdido. Mientras que un bolso o una cartera perdida normalmente contendrán una identificación con foto del propietario, cosas como llaves, un teléfono o una chaqueta no lo harán. Esto significa que puede ser casi imposible saber a quién buscar si ve un juego de llaves en una mesa de picnic o en silla en un restaurante. Sin embargo, si tiene habilidades psicométricas, tomará ese artículo por un momento y podrá ver a la persona a la que pertenece. Al menos, sabrá si es un hombre o una mujer, alguien viejo o joven, y con suerte, incluso podrá ver el color de su pelo. Esto puede marcar la diferencia cuando se busca entre la multitud cercana para ver a quién podrían pertenecer las llaves. No hace falta decir que cuando vea a alguien que coincide con la imagen de su mente mirando a su alrededor como si hubiera perdido algo, puede estar seguro de que apreciará que le devuelvas sus llaves o su teléfono.

Tan importante como saber cómo se puede usar la psicometría en la vida real, también es conocer sus limitaciones .
Desafortunadamente, la televisión y las películas a menudo muestran la psicometría de una manera muy irreal e irracional. Esto es particularmente cierto en cualquier situación en la que un telépata sostiene un arma homicida para identificar al asesino. Hay varias cosas equivocadas en esta representación, y no es menos importante el hecho de que ninguna agencia de aplicación de la ley basaría una investigación en una pista así. Además, esta idea subestima significativamente el impacto de las imágenes que un telépata puede ver desde un objeto. No solamente las imágenes de un arma asesina serían devastadoras para su corazón y mente, sino que la energía en sí misma, llena de horror y dolor, sería inconmensurablemente traumática. Por lo tanto, ninguna persona en su sano juicio usaría voluntariamente sus habilidades psicométricas en conjunto con un arma asesina, un dispositivo de tortura o cualquier otro objeto usado a sabiendas para crear dolor y sufrimiento en otro ser vivo.

Cómo desarrollar sus habilidades psicométricas

Como con cualquier habilidad o talento, la mejor manera de mejorar sus habilidades psicométricas es con práctica, práctica y aún más práctica. Afortunadamente, el proceso para llevar a cabo una lectura psicométrica es muy sencillo, requiriendo solo cinco pasos para lograrlo. Esto significa que puede realizar la práctica casi en cualquier momento, en cualquier lugar, y tan a menudo como quiera. Los siguientes son los pasos básicos de una lectura psicométrica:

- *Primer paso:* Lavarse y secarse bien las manos antes de manipular un objeto. Esto eliminará cualquier suciedad que pueda interferir con la lectura, así como cualquier energía residual que haya quedado al manipular un objeto anterior. Si no puede lavarse las manos, simplemente límpielas unas cuantas veces en su pantalón, lo suficiente para eliminar cualquier residuo de la superficie.

- *Segundo paso*: Frote sus manos vigorosamente durante unos diez segundos. Esto generará energía en las palmas y las puntas de los dedos. Cuanta más energía tenga en sus manos, más fácil será absorber la energía del objeto. Una buena manera de saber si está listo es mantener las manos juntas después de frotarlas, separándolas lentamente a un cuarto de pulgada de distancia. Si puede sentir un hormigueo o una resistencia al separarlas, sabe que ha generado la energía que necesita. Si no siente nada, frótelas durante otros diez segundos e inténtelo de nuevo.

- *Tercer paso*: Tomar un objeto y sostenerlo en las manos. Si es un principiante, se recomienda que empiece con un objeto que se haya usado a diario, como gafas, un cepillo de pelo o un juego de llaves. No conocer al dueño también puede ser útil, ya que evitará que su mente evoque recuerdos de la persona, como un amigo o un ser querido. Esto asegurará que cualquier imagen que vea sea el resultado del objeto y no de su memoria o imaginación.

- *Cuarto paso*: Cierre los ojos y relájese. Imagine que está esperando que el objeto le hable. Escuche lo que dice, despeje su mente y concéntrese en cualquier cosa que vea u oiga. Deje que el objeto hable. Cuanto más tranquila esté su mente, mejores serán sus posibilidades de tener una lectura satisfactoria. Tal vez quiera respirar profundamente un par de veces primero para ayudarse a relajarse y aclarar su mente, llevando su atención al momento en cuestión.

- *Quinto paso*: Ser receptivo. Un error que los principiantes suelen cometer es rechazar las imágenes que creen que no tienen sentido. Recuerde, no tiene idea de dónde ha estado este objeto, así que tome las imágenes que vea como un hecho. Además, agarre siempre la primera imagen que se le venga a la mente. Esta será la más precisa, ya que su mente no ha tenido la oportunidad de juzgar esa imagen o alterarla de ninguna manera. A medida que practique, desarrollará una mente más receptiva, una que acepte todo lo que vea y oiga sin dudas ni vacilaciones. Entonces podrá realizar esta tarea con mayor confianza en los resultados que obtenga, permitiéndole ver visiones del pasado dondequiera que vaya, simplemente abriendo su mente y permitiendo que los objetos cuenten su historia.

Al principio, sus resultados pueden ser aleatorios, en el mejor de los casos, siendo aproximadamente mitad exactos y mitad inexactos. Sin embargo, a medida que continúe practicando, encontrará que sus niveles de precisión aumentarán, llegando a alcanzar eventualmente hasta un 85 a 90 por ciento, como suele ser el resultado con individuos altamente adeptos cuando se prueban en condiciones de laboratorio. Tal vez lo más importante que hay que recordar es que la habilidad de la psicometría es para ser disfrutada, así que hágalo divertido para usted. Quién sabe, eventualmente podrá tocar un viejo edificio y obtener una instantánea de cómo era la ciudad hace 100 o incluso 200 años. Incluso podría ver a las personas que estaban presentes en ese momento. Si es lo suficientemente bueno, incluso podría ser capaz de oír lo que decían. Después de todo, ¡será uno de los afortunados que sabrá cómo es cuando las paredes pueden hablar!

Capítulo 8: Lectura de aura

Uno de los temas más debatidos en la comunidad psíquica, así como en la comunidad científica, es el del aura. Las tradiciones místicas y espirituales han hablado de la existencia del aura durante milenios, abarcando casi todas las culturas del mundo. A pesar de la creencia generalizada en el aura, muchos todavía descartan su existencia, porque la mayoría de la gente no puede verlas. Recientes estudios científicos han revelado que las auras pueden, de hecho, existir, dando crédito a las antiguas tradiciones. Sin embargo, a pesar de sus hallazgos, muchos científicos todavía debaten la naturaleza del aura y el significado que tienen. Independientemente de este debate en curso, muchas personas anhelan la capacidad de ver e interpretar el aura de las personas a su alrededor. Este capítulo proporcionará las herramientas necesarias para ver el aura, así como la comprensión de su verdadera naturaleza y el significado detrás de las diferentes formas y colores que pueden tomar. Además, también se discutirá el papel que desempeñan los chakras en relación con el aura, junto con la forma de leer e interpretar el color de cada diferente chakra.

Una descripción general del aura.

En la mayoría de las tradiciones espirituales, la naturaleza y la apariencia del aura son en gran medida las mismas. El aura de una persona es la energía que rodea su cuerpo, formando una especie de envoltura o burbuja de energía pulsante y brillante que refleja su estado físico, emocional y mental. Las personas enfermas, por ejemplo, tendrán un aura más oscura y menos vibrante, pareciendo incluso incompleta, con agujeros o áreas que faltan. Por el contrario, las personas sanas y felices tendrán auras más brillantes, normalmente amarillas o blancas, que se extienden hasta tres o cuatro pies de su cuerpo, creando una burbuja virtual de energía que les protege de la energía negativa de su entorno.

A pesar de que los elementos básicos de un aura están en gran medida acordados en términos de su tamaño, su vitalidad y el impacto de las fuerzas positivas y negativas sobre ellos, hay algunos debates en los círculos psíquicos sobre el significado de sus colores. Algunas escuelas de pensamiento afirman que el aura puede contener los mismos colores que los chakras y que cada uno de ellos significa algo similar, si es que no exactamente lo mismo que su equivalente chakra, sin embargo, otras tradiciones sostienen que hay menos colores y que estos tienen un significado completamente diferente. Un ejemplo perfecto es el color rojo. Mientras que algunas tradiciones afirman que el rojo indica sexualidad, asertividad y una naturaleza competitiva, otras sugieren que refleja ira o altos niveles de estrés. Por consiguiente, el contexto es muy importante cuando se trata de interpretar los colores del aura, ya que el rojo puede indicar que el individuo tiene un fuerte carácter o tiene rabia, y por lo tanto, debe mantenerse a una distancia segura.

Como ya se ha mencionado, numerosos estudios científicos han concluido que las auras, de hecho, existen. Sin embargo, estos estudios no apoyan la idea de que los diferentes colores representan distintas habilidades psíquicas o cualidades espirituales. Al contrario, la creencia básica dentro de la comunidad científica es que el aura no es más que el campo electromagnético que rodea a un ser vivo. Esto es lo que se conoce como el campo bioenergético dentro de la comunidad científica. Las diferentes funciones del cuerpo humano, como la circulación, la digestión y la respiración, crean impulsos eléctricos que viajan por todo el cuerpo. Además, estos impulsos crean reacciones electroquímicas en todo el sistema nervioso. Entonces, cuando una persona está en su mejor estado de salud, donde todas estas funciones están operando en sus niveles más altos, hay una tremenda cantidad de actividad eléctrica que tiene lugar en todo el cuerpo, creando un efecto de halo alrededor del individuo. Cuanto más saludable y vibrante es el individuo, más brillante es su campo bioenergético. Cuando una persona está enferma o ha sufrido un trauma, este campo se reduce, tanto en tamaño como en intensidad.

Mientras que la ciencia cree que un aura es en gran medida una capa de energía producida por las actividades electroquímicas dentro del cuerpo, ciertas tradiciones espirituales creen que hay hasta siete capas separadas en un aura, cada una de las cuales representa una cualidad o condición única del individuo. Estas siete capas del aura son las siguientes:

- *Primera capa:* Etérica. Esta capa es la más cercana al cuerpo y es normalmente la más fácil de ver. Asociada con el chakra raíz, representa la salud física y el bienestar de una persona y es de color azul brillante cuando el individuo está en buena salud. Las personas físicamente activas tienden a tener la capa etérica más brillante.

- *Segunda capa:* Emocional. La capa emocional rodea la capa etérica y está conectada al bienestar emocional de una persona. Asociada con el chakra del plexo solar, su apariencia puede ser de cualquier color y cuanto más brillante sea, más saludable será la persona. Cuando los colores son oscuros o apagados, representa el estrés, la fatiga, o en general, la mala salud emocional.

- *Tercera capa:* Mental. La capa mental es la tercera del cuerpo y está asociada con la salud mental y el bienestar de una persona. Asociada al chakra sacro, esta capa es de color amarillo brillante cuando está en buena salud. Debido a la naturaleza mental de este nivel, es más fácil de ver alrededor de la zona de la cabeza y el cuello y es más vibrante en las personas creativas e intelectuales.

- *Cuarta capa:* Astral. Este es el cuarto nivel del cuerpo y está asociado con el chakra corazón. Representando las relaciones interpersonales de un individuo, es de color rosa o rojo rosado, más vibrante entre aquellos con personalidades amorosas, mientras que puede ser sutil o incluso ausente en los introvertidos o quienes están pasando por una ruptura de corazón o depresión.

- *Quinta capa:* Doble etérico. La capa doble etérica se asocia con el chakra de la garganta y es la capa que representa el verdadero ser. Esta es otra capa que puede contener cualquier color, dependiendo de las cualidades del individuo. Cuando una persona está viviendo una vida según su verdadera naturaleza, este nivel será más vibrante, sin embargo, alguien que está desconectado de su verdadera identidad tendrá una quinta capa apagada.

- *Sexta capa:* Celestial. Representa el amor incondicional y la conexión con todos los seres vivos, este nivel es blanco perla y está asociado con el chakra del tercer ojo. Los psíquicos y otros individuos con inclinaciones espirituales muestran fuertes capas celestiales.

- *Séptima capa:* Cuerpo ketérico. Al ser la última capa, es la más alejada del cuerpo físico de una persona, alcanzando un estimado de tres pies. Asociada con el chakra corona, esta capa es de color dorado y tiene la vibración de más alta frecuencia. Se considera la encarnación del alma inmortal de una persona, por lo tanto, refleja el bienestar del individuo a través de todas las encarnaciones. También refleja la fuerza de la conexión de una persona con la fuente divina.

Interpretando los distintos colores

Como ya se ha mencionado, hay dos escuelas principales en cuanto a los diferentes colores del aura y su significado. Para este libro, se utilizará la interpretación más común, específicamente la asociada a los colores de los chakras. Los siguientes son los colores del aura y sus significados:

- **Rojo oscuro:** Alguien con un aura de color rojo oscuro será generalmente trabajador, enérgico y activo.

- **Rojo brillante:** Un aura de color rojo brillante apunta a alguien que tiene un espíritu altamente competitivo, se esfuerza por ganar en cualquier cosa que haga y suele ser sexualmente asertivo, aprovechando la energía cruda y primitiva.

- **Naranja:** Una persona con aura naranja suele tener una gran mentalidad de negocios, capaz de manejar datos y cifras, así como ser buenos con las personas. También pueden ser aventureros por naturaleza, como un empresario.

- **Naranja brillante/ amarillo-naranja:** Este color apunta a alguien de naturaleza académica, dado a la lógica y al pensamiento profundo.

- **Amarillo:** Como el color podría sugerir, un aura amarilla representa a alguien brillante y de disposición alegre, espontáneo y expresivo.

- **Verde brillante:** Las personas con aura verde brillante son generalmente sociales, dadas a actividades comunitarias y ocupaciones, como la enseñanza o la guardería.

- **Verde oscuro:** Un aura verde oscuro sugiere alguien que es bueno para organizar y está orientado a los objetivos.

- **Azul:** Este color significa una persona que es sensible hacia los demás y es un amigo leal y cariñoso.

- **Índigo:** Una persona con un aura índigo suele ser más introvertida, prefiriendo la soledad y la tranquilidad. Como resultado, suelen ser tranquilos y lúcidos, a menudo mostrando cualidades artísticas.

- **Violeta:** El aura violeta se puede encontrar en personas carismáticas, a menudo con una personalidad sensual, y que pueden fácilmente hacer conexiones con otros.
- **Lavanda:** Altamente sensibles, incluso hasta el punto de ser frágiles, las personas con aura lavanda son muy imaginativas y están en contacto con niveles superiores de conciencia.
- **Blanco:** Este es el color más elevado, representando la trascendencia, la espiritualidad y la unidad del cuerpo y la mente.

Una de las principales cosas que hay que mirar, además del color en sí, es el brillo del aura. Cuando una persona está sana, feliz y en sintonía con su verdadera naturaleza interior, su aura será más brillante y más vibrante. Por el contrario, alguien que está deprimido, enfermo o sufriendo un conflicto interno tendrá un aura apagada, a veces incluso marrón, que representa la condición oscura y lúgubre de su energía.

Los chakras y las técnicas de limpieza

A pesar de que los chakras están separados del aura, están estrechamente relacionados, influyendo en la fuerza y la claridad del aura misma. Cuando los chakras están equilibrados y desbloqueados, fluyendo fuerte y de manera natural, el aura de una persona será más vibrante y equilibrada. De igual manera, cuando los chakras están bloqueados o desequilibrados, el aura se verá afectada, volviéndose más pequeña y de apariencia más apagada. Afortunadamente, al entender los chakras, sus significados y cómo manejarlos, se mantendrá su buena salud, fomentando así un aura fuerte y saludable.

La siguiente es una lista de los siete chakras, revelando su significado y la ubicación de cada uno dentro del cuerpo físico:

- **Chakra Raíz**: Es el más bajo de los siete chakras, situado en la base de la columna vertebral. Su color es rojo, y representa el estar en la tierra, la energía pura y la actividad física.
- **Chakra Sacro**: El segundo de los chakras, situado justo debajo del ombligo, es de color naranja. Está asociado con la creatividad y la procreación, dando vida en todas las formas.
- **Chakra del plexo solar:** De color amarillo, este chakra representa la capacidad de una persona de asimilar nuevas condiciones. También apunta a la motivación y a estar orientado a los objetivos. Situado en la región del estómago, también afecta a la digestión saludable.
- **Chakra del corazón**: Ubicado en el centro del pecho, este chakra es verde y representa el amor, las relaciones y la conciencia del alma propia.
- **Chakra de la garganta:** Como su nombre lo indica, este chakra se encuentra en la base de la garganta. De color azul, afecta a la comunicación, específicamente a la comunicación verbal.
- **Chakra del tercer ojo:** El más conocido de todos los chakras, el chakra del tercer ojo se encuentra en la frente, justo por encima del nivel de los ojos físicos. De color índigo, este chakra representa la intuición y la perspicacia.
- **Chakra corona**: El último y más alto de los chakras, el chakra corona se asocia con la paz, la sabiduría y la espiritualidad. De color violeta, se encuentra en la parte superior de la cabeza, justo encima de la corona.

Cuando están equilibrados, cada uno de los siete chakras sirve para crear, atraer o dirigir la energía a diferentes partes del cuerpo. Sin embargo, incluso cuando están equilibrados y sanos, algunos chakras tenderán a ser más fuertes y pronunciados dentro de un individuo, creando características específicas que definen a la persona. Alguien con un chakra de la garganta fuerte, por ejemplo, será más hábil en dar discursos o simplemente a la comunicación verbal en general. La naturaleza extra fuerte del chakra de la garganta puede afectar al color general de su aura, dándole un tono azul que refleja la naturaleza de la energía en sí misma.

Mantener los chakras equilibrados y desbloqueados es un paso crítico para mantener una su buena salud, así como una buena salud mental, emocional e incluso física. Afortunadamente, hay algunas técnicas simples para asegurar que los chakras funcionen con la máxima eficiencia, proporcionando la energía necesaria para mantenerse en su mejor estado físico y espiritual. Las técnicas se pueden dividir en físicas y no físicas, cada una proporcionando un enfoque diferente para mantener una salud óptima de los chakras.

El yoga, sin duda, es la técnica física más efectiva para mantener los chakras abiertos y fuertes. El acto de estirar el cuerpo asegura que la energía fluya sin impedimentos, aumentando así la salud y el bienestar de todos los chakras y las funciones que apoyan. El elemento de relajación del yoga también ayuda a reducir el estrés, haciendo del yoga un híbrido, combinando los elementos físicos y no físicos en un solo régimen.

Mantener una dieta adecuada es otra técnica física para mejorar la salud de los chakras. Los alimentos procesados, las frituras y cualquier cosa con alto contenido de azúcar harán que el cuerpo se vuelva lento, llenándolo de toxinas que impactan en la salud de los chakras. Por otra parte, las frutas frescas, las verduras y otros alimentos saludables sirven para proporcionar energía al cuerpo mientras lo limpian de toxinas y otros elementos dañinos. El resultado es una mayor salud de los chakras, lo que da como resultado un aura más vibrante.

La meditación es una de las técnicas no físicas para ayudar a mejorar la salud de los chakras. Aunque la meditación puede ser un acto físico, es el aspecto mental de la misma lo que afecta a la salud y el bienestar de los chakras. En resumen, la reducción del estrés ayuda a abrir los chakras, permitiendo que la energía fluya de forma natural y en grandes cantidades. Cuanto mejor fluya la energía, mejor será la salud y el bienestar físico y emocional. Por lo tanto, si quiere mejorar el rendimiento de sus chakras, asegúrese de hacer de la meditación una parte de su rutina regular.

Finalmente, evitar el estrés de cualquier manera posible es la clave para mantener una fuerte y buena salud de los chakras. Tomarse el tiempo para sentarse en un ambiente pacífico y tranquilo regularmente ayudará mucho a prevenir la acumulación de estrés que puede bloquear e incluso cerrar los chakras, creando un impacto seriamente negativo en su energía. Además, evitar las situaciones estresantes puede ayudar mucho a proteger los chakras del daño que el estrés puede causar. Al final, todas las cosas que ayudan a crear y mantener un estado mental saludable también ayudarán a crear y mantener los mejores niveles de salud de los chakras.

Cómo desarrollar su habilidad para leer auras

Ahora que sabe lo que es el aura, lo que significan sus colores, y el impacto que tienen los chakras en ella, el paso final es desarrollar su habilidad para leer el aura. Como con todas las demás habilidades psíquicas, leer el aura puede no ser adecuado para todos. En teoría, cualquier persona puede desarrollar cualquier habilidad psíquica, al menos hasta cierto nivel. Sin embargo, el mejor enfoque es descubrir la habilidad que es inherente a usted y desarrollarla a su mayor potencial. Lo mismo se aplica a la lectura del aura. Si no es un natural en este conjunto de habilidades en particular, puede encontrar el éxito difícil de alcanzar.

Afortunadamente, es bastante fácil saber si tiene el potencial para leer auras. Una señal de que tiene un don en esta área es la habilidad de sentir la energía de otra persona. Si no puede sentir la energía de otra persona, lo más probable es que nunca sea capaz de verla. Todo es cuestión de sensibilidad. Por lo tanto, si se siente incómodo cerca de alguien que es una amenaza, o se siente en paz cerca de alguien en quien se puede confiar, entonces puede sentir claramente su energía. Con la práctica, debería ser capaz de traducir la habilidad de sentir la energía en la habilidad de ver la energía.

Otra señal de que podría tener la capacidad de ver auras es si a menudo ve cosas en su visión periférica. Esto ya ha sido discutido en referencia a la detección de espíritus que están presentes. Si ve sombras, movimientos u otras anomalías por el rabillo del ojo, incluso cuando no hay nada, probablemente le será fácil ver las auras. La razón principal de esto es que las auras a menudo se ven mejor fuera de la periferia donde la mente no puede filtrarlas. Además, la naturaleza sutil del aura puede hacer que sea difícil ver una cara en ellas, como una estrella débil en el cielo nocturno. Si se relaciona con uno o todos estos conjuntos de habilidades, entonces la práctica de las siguientes técnicas para la lectura del aura debería permitirle tener su primera experiencia en poco tiempo.

El primer paso para leer el aura es desarrollar su sentido de la clarisentencia, esto es cuando siente la energía de la gente que lo rodea. Empiece a prestar mucha atención en cómo se siente cuando está cerca de ciertas personas. Si se siente incómodo cerca de alguien, tómese el tiempo necesario para ver si están enfadados o simplemente son negativos en general. Esto no significa necesariamente que el individuo sea una mala persona, sino que puede indicar que simplemente está de mal humor. Por otra parte, si se siente bien con alguien, como por ejemplo, si está feliz o seguro, tómese el tiempo necesario para ver de qué estado de ánimo está para confirmar sus sentimientos. Cuanto más precisa sea su clarisentencia, más fácil será ver las auras.

El siguiente paso es desarrollar su visión periférica. Una buena forma de hacerlo es centrarse en un solo punto de la habitación durante un minuto. Deje que sus ojos se desvíen ligeramente del foco para no forzarlos a mirar una cosa por mucho tiempo. Una vez que haya suavizado su enfoque, comience a observar los objetos o personas fuera de su línea de visión directa. Mire cuántos detalles puede distinguir mientras mantiene los ojos fijos en un punto. Esto agudizará su capacidad para reconocer cosas fuera de su rango de visión normal. Como se mencionó anteriormente, las auras pueden verse más fácilmente cuando no se enfocan directamente, por lo que desarrollar una fuerte visión periférica es fundamental para leer las auras.

La detección del color es el siguiente paso en el desarrollo de la capacidad de ver y leer el aura. Esto se puede hacer colocando hojas de papel de color en una pared. Los colores deben representar los colores del aura, o chakras, ya que se quiere enfocar específicamente en ser capaz de verlos más que cualquier color en general. Practique con un color a la vez. Tome nota de cómo ese color lo hace sentir cuando lo ve, esto ayudará a conectar su capacidad de sentir energía con su capacidad de ver el aura de una persona. Además, practique ver las hojas de papel fuera de su visión periférica, esto desarrollará su capacidad de ver el color fuera de su línea de visión enfocada. Puede tomarse un día o incluso una semana por cada color, dependiendo de lo rápido que sienta que sus sentidos se están desarrollando.

La fase final para desarrollar la habilidad de ver y leer aura es practicar con un amigo. Haga que su amigo se siente frente a usted en una habitación con poca luz. Evite las ventanas, ya que la luz del día puede crear fluctuaciones de color en la habitación. También, pídale que use colores neutros, incluso negro, ya que esto hará que los colores de su aura resalten más, facilitando la visión. Para obtener mejores resultados, puede hacer que se paren frente a una pared de color neutro, a unos quince centímetros de usted. Una vez en su lugar, comience a concentrarte en la pared que está a su lado, a un par de pulgadas de su cuerpo. Mientras se concentra, tome nota de sus sentimientos. ¿Se siente feliz, triste, nervioso o algo más? Cuando determine la sensación de su energía, sabe qué color buscar. Permita que su enfoque se suavice, así, atrae su atención a su visión periférica. En este punto, debe permanecer con la mente abierta. Si cree que ve un color, cualquier color, acéptelo. No lo cuestione, no lo descarte y no busque algo diferente. Al aceptar lo que ve, abre su mente y sus sentidos a la experiencia, aumentando así su capacidad de ver su aura. Cuanto más practique esta técnica, más fácil será ver el aura. Eventualmente, la verá en cualquier lugar y en cualquier momento, sin importar las condiciones ambientales.

Capítulo 9: Sanando

Si le pregunta a una persona común y corriente en la calle qué superpoder le gustaría tener, escuchará una amplia gama de respuestas. Muchos elegirían volar, ser súper fuertes, o ser capaces de acceder a un conocimiento ilimitado. Unos pocos elegidos, en cambio, elegirían ser capaces de curar a las personas, en su mayoría solo con tocarlas. Mientras que esto suena como un poder tan poco probable de lograr como la habilidad de volar o atravesar paredes de piedra, el hecho es que la sanación es otra habilidad psíquica, una que miles de personas poseen en todo el mundo. Desafortunadamente, pocas de estas personas son conscientes de su don, y menos aún saben cómo aprovecharlo, fortalecerlo y darle un buen uso. Este capítulo abordará diferentes formas de sanación psíquica, mostrando cómo es una parte importante de la medicina holística en el mundo moderno. Además, descubrirá cómo determinar si es o no un sanador nato, dotado de las habilidades necesarias para poder curar a una persona con un solo toque. Por último, se abordará cómo fortalecer sus habilidades inherentes, permitiéndole así tener el efecto curativo en el mundo que tan desesperadamente anhela.

¿Qué es la sanación psíquica?

Lo primero que hay que explorar es la verdadera naturaleza de la sanación psíquica. Mientras que la mayoría de la gente recurre a fuentes físicas, como los médicos y los medicamentos de venta libre cuando se enferman, algunos prefieren un enfoque más espiritual, uno que aproveche el poder curativo de la energía. Los tratamientos físicos curan a una persona desde el exterior, en cambio, la sanación psíquica trae salud y bienestar desde el interior, curando a la persona en la raíz misma del problema, y no simplemente tratando los síntomas. Este sistema se basa en una simple verdad: la salud y el bienestar físico, mental y emocional de una persona se ven afectados por el estado de su energía. Cuando las energías de una persona están desequilibradas o bloqueadas, se produce una enfermedad física y emocional. Por lo tanto, la sanación psíquica es la práctica de restablecer el equilibrio y el flujo adecuados de las energías de una persona, curando así todas las enfermedades y sufrimientos al fijar la causa real en el nivel del espíritu.

Existen numerosas formas de sanación psíquica, cada una con sus propios métodos y técnicas únicas para lograr el objetivo final de salud y bienestar totales. Mientras que algunas se centran en un enfoque general, como la canalización de la fuerza vital universal en una persona para recargar sus energías, otras tienen un enfoque más centrado en el papel de los chakras y su rendimiento cuando se trata de producir y mantener la energía. Posteriormente, pueden emplearse numerosos instrumentos y prácticas, cada uno de los cuales constituye una tradición específica dentro del ámbito general de la sanación psíquica. Esto crea la misma situación que se encuentra en la mediumnidad, es decir, que no todos los sanadores psíquicos pueden practicar todas las formas de sanación psíquica. Por lo tanto, no solo es vital descubrir si tiene o no las habilidades requeridas para la sanación psíquica en general, sino que también es necesario descubrir exactamente qué tipo de sanación psíquica es la adecuada para usted.

Señales de que es un sanador psíquico

Como con todas las habilidades psíquicas, todo el mundo tiene el potencial de alcanzar algún nivel de habilidad en esta práctica. Sin embargo, aquellos que carecen de habilidades inherentes lucharán para producir incluso los resultados más insignificantes. Por lo tanto, esta no es una habilidad psíquica recomendada para cualquiera. Es una que solo debe ser practicada por un individuo que demuestre las cualidades necesarias para atraer y canalizar las energías de curación de una manera importante y significativa. Afortunadamente, las señales de estas cualidades son fáciles de detectar, haciendo fácil determinar si la sanación psíquica es su don inherente. La siguiente es una lista de signos que determinará si tiene o no los rasgos de un sanador nato:

1. Tiende a sentir una profunda empatía por los demás.
2. Las personas cercanas a usted tienden a mantener una buena salud en general.
3. La gente tiende a confiar en usted en lo que respecta a sus problemas y dolores.
4. Los niños y los animales se sienten seguros a su alrededor, incluso cuando están asustados de otras personas.
5. Prefiere pasar tiempo solo en ambientes tranquilos.
6. Usted es muy sensible a los sentimientos y al sufrimiento de los demás.
7. Sus sueños transmiten mensajes sobre la enfermedad o la sanación en su cuerpo.
8. Más que nada, desea ayudar y curar a otros de cualquier manera posible. Prefiere pasar el tiempo en la naturaleza, lejos del ruido y el bullicio de la humanidad.
9. Prefiere escuchar a los demás antes que hablar.
10. Tiene un profundo interés en la espiritualidad y ha experimentado eventos de despertar de vez en cuando.
11. Los medicamentos y las drogas no suelen afectarle de la misma manera que a los demás.

12. Tiene sanadores en su familia, como padres o abuelos.

Si se identifica con la mitad o más de estas afirmaciones, entonces lo más probable es que sea un sanador nato. El siguiente paso es identificar los diferentes tipos de sanación para que sepa qué camino seguir en su búsqueda para desarrollar sus habilidades inherentes.

La función de la energía en la sanación psíquica

Como ya se ha mencionado, la energía juega un papel muy importante, tanto en términos de enfermedad como de sanación psíquica. Solo cuando entiende el significado de la energía puede empezar a perfeccionar sus habilidades, desarrollando así el toque de sanación que se supone que debe tener. Es necesario mencionar nuevamente que la enfermedad y la angustia son causadas por un desequilibrio en la energía en el individuo. A veces este desequilibrio puede ser el resultado de un trauma físico, sin embargo, la mayoría de las veces es el resultado de un trauma emocional o espiritual. El estrés, por ejemplo, puede obstaculizar significativamente la eficiencia de los chakras, reduciendo así el flujo de energía dentro del cuerpo de una persona. Esto dará como resultado cosas como dolor muscular, bajos niveles de energía física, y el aumento en la probabilidad de enfermarse. En lugar de tratar esos síntomas con medicinas y tratamientos tradicionales, los sanadores psíquicos saben que la mejor manera es restablecer el equilibrio y el flujo de energía dentro del paciente, restaurando así su capacidad natural de eliminar la enfermedad y la dolencia.

La principal forma en que la energía del paciente se restaura es canalizando las energías curativas en su cuerpo. Esto puede venir en dos formas. Primero, el sanador puede usar su propia energía, a menudo llamada "ki" o "prana", para ayudar a aumentar los niveles de energía del paciente, de forma muy parecida a arrancar un auto con la batería agotada. Al enviar su energía al paciente, el sanador puede restaurar la energía del paciente a un nivel en el que podrá volver a un estado normal de salud y bienestar. La desventaja de esto es que el sanador se agotará si tienen pacientes que necesitan grandes cantidades de energía para recuperarse o en el caso de que traten a varios pacientes en un período determinado. Posteriormente, el sanador debe tomarse el tiempo de recargar sus propias energías entre las sesiones para asegurar su propia salud y bienestar.

La segunda forma de sanación energética es la de la canalización, en la que el sanador no se nutre de su energía personal, sino de la energía curativa del propio universo. En este caso, el sanador actúa como un médium, pero en lugar de canalizar un mensaje de un espíritu, canaliza la energía del universo. En cierto modo, actúan como un cable de extensión, conectando al paciente con la fuente de energía que restablecerá su salud y bienestar. El lado positivo de esta práctica es que no utiliza la energía del sanador, lo que significa que no agotará sus niveles de energía en el proceso. Además, algunas técnicas hacen posible que el paciente canalice la energía por sí mismo, permitiéndole así actuar como su propio sanador.

Los tipos de sanación psíquica más comunes

Así como hay muchas especialidades diferentes dentro del campo de la medicina, cada una de ellas se enfoca en una forma específica de salud y recuperación, también hay varios tipos de sanación psíquica. Cada uno de estos tipos se puede clasificar en tres categorías. La primera es lo que se conoce como sanación espiritual. Esto es cuando un sanador invoca las energías del universo para que entren en el cuerpo del paciente, restaurando así los niveles de energía del individuo, y por lo tanto su salud y bienestar. Un ejemplo de sanación espiritual es el reiki, una antigua técnica japonesa de curación en la que el sanador canaliza la energía ki al paciente, usando sus manos como salida de esa energía. Algunos practicantes colocan sus manos directamente sobre el paciente, mientras que otros las mantienen varias pulgadas sobre el cuerpo del paciente. El nombre reiki proviene del japonés y significa poder universal (rei) y energía (ki), lo que significa la fuente de la energía curativa que el practicante canaliza hacia el paciente.

Otro tipo de sanación espiritual es el uso de cristales para restaurar los niveles de energía en un paciente. Esta práctica se centra en la restauración de la energía en los chakras, usando el cristal único asociado con el chakra específico. Por ejemplo, si una persona tiene un problema en la garganta, o tiene problemas para hablar, entonces su chakra de la garganta necesita que se le restauren sus energías. Se colocarán cristales como el aguamarina o la sodalita en el paciente para atraer la frecuencia de energía necesaria. El color azul de los cristales refleja el color azul del chakra, y por lo tanto, la frecuencia de la energía asociada a él. La ventaja de esta práctica es que el sanador no necesita actuar como un canal para que la energía viaje a través de ellos, por lo que no hay desgaste en ellos como tal. Además, el paciente puede realizar el acto de sanación por sí mismo si sabe qué cristales usar para el chakra que necesita ser restaurado.

La segunda categoría de sanación psíquica es la sanación pránica. Originaria de la India, esta forma de sanación incorpora la fuerza vital del sanador, también conocida como el ki o el prana. A diferencia de la sanación espiritual, que utiliza la fuerza vital del universo, aquí es donde el sanador utilizará su energía, muy parecido al ejemplo mencionado anteriormente sobre el arranque de un auto. La sanación cuántica es un ejemplo de sanación pránica. En este caso, el sanador utiliza técnicas específicas para aumentar su propio prana, permitiéndole así proporcionar la energía necesaria para devolverle la salud al paciente. Las técnicas de respiración, las técnicas de conciencia corporal y una conciencia especial de las diferentes frecuencias de energía entran en juego, permitiendo al sanador saber qué energías necesitan ser restauradas y cómo aumentar esas energías dentro de sí mismo. También saben qué síntomas buscar al determinar las energías deficientes, de forma muy parecida a como un médico utilizaría los síntomas físicos para diagnosticar una enfermedad.

La tercera categoría de sanación psíquica es la sanación mental. Aquí es donde el sanador usa su mente tanto para diagnosticar como para tratar al paciente. En cierto modo, esto es casi una forma de sanación telepática, en la que el sanador se introduce en el subconsciente del paciente para determinar la naturaleza de la enfermedad y luego utiliza su mente para visualizar el proceso de sanación, enviando esa imagen al subconsciente del paciente como una especie de programa. Cuando se hace correctamente, el sanador puede instruir prácticamente al paciente para que se mejore solamente usando sus habilidades telepáticas. Demás está decir que esta es la más rara de las tres categorías, requiriendo los más altos niveles de intuición, telepatía y clarividencia que una persona puede alcanzar.

Otros dos métodos de sanación se centran más en la corrección del flujo de energía que en la introducción de la energía de sanación. Estas son las formas chinas de curación conocidas como acupuntura y acupresión. La acupuntura es la práctica de usar agujas especiales para extraer la energía negativa que bloquea el flujo de energía saludable en todo el cuerpo. Se centra en los catorce meridianos de flujo de energía, descubriendo dónde se encuentran los bloqueos y liberando esos bloqueos a través de las agujas. Aunque esta práctica parece dolorosa, el paciente apenas siente las agujas, y lo que sí siente es la liberación de la tensión, que vuelve a restaurar el flujo de energía adecuado a su cuerpo.

La acupresión actúa de manera muy similar, excepto que utiliza la presión en lugar de las agujas. El sanador utilizará sus dedos para aplicar presión a las partes afectadas del cuerpo, liberando así la tensión y restableciendo el flujo de energía adecuado para el paciente. No hace falta decir que, en ambos casos, el sanador tiene que tener la intuición necesaria para saber dónde están los bloqueos, así como la forma de liberarlos. Sin embargo, la diferencia entre estos tratamientos es que el sanador no envía energía al paciente, sino que libera la energía del paciente, restableciendo así la salud y el bienestar general del individuo.

Cómo desarrollar sus habilidades de sanación psíquica

Cuando se trata de desarrollar sus habilidades de sanación, el mejor método es práctica, práctica y más práctica. Por supuesto, el primer paso es determinar qué tipo de sanación psíquica es mejor para usted. Para hacer esto, debe encontrar practicantes de cada disciplina y hablar con ellos sobre su deseo de convertirte en un sanador. Estas personas sabrán lo que se necesita para realizar su tipo específico de sanación psíquica, por lo que serán capaces de decir si usted es un buen candidato o no. Además, le tomarán bajo su tutela y le enseñarán las bases, poniendo a prueba sus habilidades naturales. Si le cuesta progresar en una disciplina en particular, puede significar que necesite probar otra. Eventualmente, encontrará su campo, sintiendo que sus habilidades se elevan dentro de usted a medida que comienza a aprender y desarrollar las técnicas de la forma de sanación que es adecuada para usted.

Capítulo 10: Contactarse y comunicarse con sus guías espirituales

La última y quizás más emocionante habilidad psíquica para explorar es la comunicación con los guías espirituales. Mientras que todas las habilidades psíquicas son asombrosas y maravillosas, la comunicación con los guías espirituales lleva la experiencia psíquica al siguiente nivel, literalmente. Los guías espirituales han sido parte de la cultura humana desde tiempos prehistóricos, con prácticas chamánicas que aún se basan en el conocimiento y la comprensión de los espíritus en muchas culturas africanas y sudamericanas hasta el día de hoy. Incluso las principales religiones del mundo, incluyendo el judaísmo, el islam y el cristianismo, contienen ricas y variadas tradiciones en lo que se refiere a los guías espirituales y las formas que pueden tomar. La conclusión es que casi todas las tradiciones espirituales creen que los espíritus existen para ayudar y guiar a la gente en todos los aspectos de su existencia terrenal.

Lamentablemente, muchas personas no reconocen los mensajes que sus guías intentan enviarles, lo que hace que se abran paso ciegamente por la vida, cometan errores innecesarios y pierdan innumerables oportunidades. Para aquellos que descubren y escuchan esos mensajes, los resultados son muy diferentes. Esas son las personas que pueden evitar la mayoría de las trampas y saben cuándo embarcarse en nuevas y emocionantes aventuras. Este capítulo tratará sobre los diferentes tipos de guías espirituales que existen, ayudándole a reconocer a los enviados para ayudarle en su camino. Además, revelará formas de descubrir y contactar con sus guías personales, creando una relación rica y significativa con ellos, una que cambiará su vida de formas que la mayoría de la gente ni siquiera puede imaginar.

¿Qué son los guías espirituales?

Lo primero que hay que abordar es la verdadera naturaleza de los guías espirituales. Tal vez la mejor manera de explicar lo que son es considerar una de las imágenes más comunes de ellos en uso hoy en día, específicamente la de un ángel. La palabra "ángel" viene del griego antiguo "angelos", que se traduce como mensajero. Esto descarta la idea de que los ángeles son bebés gordos que se revuelcan en las nubes, o músicos amantes de las arpas que pasan el tiempo cantando con largas túnicas blancas mientras la humanidad lucha muy por debajo. Como mensajeros, los ángeles son espíritus que no solo observan de cerca la humanidad, sino que también tratan de dar consejos, advertencias y aliento a aquellos que quieran escuchar. Se puede dar un paso más allá si se tiene en cuenta la creencia común en los ángeles guardianes, que sugiere que no solo se envían ángeles para aconsejar, sino que también tienen la tarea de proteger a un determinado individuo de los daños siempre que sea posible.

Afortunadamente, no se tiene que adherir a una religión en particular para descubrir y comunicarse con su guía espiritual. Tales guías existen sin importar cuál sea su sistema de creencias. Incluso los ateos tienen guías espirituales asignados, lo que significa que no tiene que ganarse su ayuda, simplemente tiene que aceptarla. Además, los guías espirituales pueden adoptar muchas formas diferentes, cada una de las cuales posee cualidades y beneficios únicos que suelen estar adaptados a la persona a la que sirven. Las siguientes son algunas de las formas más comunes de los guías espirituales, junto con la naturaleza fundamental de su función en su vida:

- **Ángeles:** Como se ha mencionado, los ángeles son los mensajeros del reino de los espíritus. A menudo vistos en términos de la contraparte de los demonios, pueden aconsejarle que elija el camino correcto cuando la tentación lo incita a elegir el camino equivocado, uno que resultará peligroso y finalmente desastroso. Los arcángeles son la forma más elevada de ángeles, considerados los más competentes y poderosos. Algunos arcángeles son bastante conocidos a través de historias y tradiciones, incluyendo a Miguel, Gabriel y Rafael. Si tiene la suerte de estar en contacto con un arcángel, ¡puede estar seguro de que su futuro es muy prometedor!

- **Ancestros:** Otra tradición común que se mantiene en todo el mundo y en la historia de la humanidad es la idea de que los parientes fallecidos pueden desempeñar un papel en la guía y protección de sus seres queridos en esta vida. Esto es particularmente cierto en el caso de los padres o abuelos fallecidos, personas que tenían un interés muy cercano y creado en usted mientras aún estaban vivos. La creencia aquí es que su amor los mantiene cerca suyo por un tiempo, permitiéndoles enviarle aliento y amor en tiempos de angustia o soledad general.

- **Animales espirituales:** Casi todo el mundo ha escuchado el término "animal tótem" usado en un contexto u otro. Desafortunadamente, la mayoría de la gente solo ha experimentado los animales tótem en términos de cuestionarios en línea que son solo para entretenerse. La verdad es que los animales espirituales sirven para un propósito mucho más grande que el ser tema de conversación en las fiestas. Pueden darle la fuerza y el coraje elemental que necesita para enfrentarse incluso a los desafíos más desalentadores, sacando a relucir su mejor "naturaleza" cuando más lo necesita.

• **Deidades**: Las sociedades antiguas adoraban a muchos dioses y diosas, algo que no es común en tiempos modernos. Una de las razones de esto es que permitía a los antiguos contemplar los diversos aspectos de la humanidad. Zeus, por ejemplo, podía servir para encarnar el liderazgo, el amor paternal y la sabiduría de una persona mayor. Afrodita, en cambio, representaba la belleza física y el placer carnal. Así, cada deidad podía aparecer para el individuo para reforzar ciertos elementos del carácter de esa persona. Si empieza a ver visiones de dioses o diosas, en lugar de ser una construcción de su imaginación, podría ser un verdadero mensaje, uno que le proporcione las respuestas que necesita.

• **Figuras religiosas**: Mucha gente alrededor del mundo ha afirmado haber visto visiones o escuchado mensajes de Jesús, María, Buda y otras figuras religiosas similares. Mientras que algunas de estas afirmaciones pueden ser engaños, muchas son probablemente verdad, sugiriendo que los espíritus de estas almas que alguna vez tuvieron un cuerpo, todavía están tratando de influenciar a las personas, llevándolas por el camino correcto cuando los tiempos son duros y hay que tomar decisiones difíciles.

• **Figuras sagradas**: Casi todas las tradiciones espirituales tienen figuras sagradas de una forma u otra. Sacerdotes, chamanes, papas, ancianos y mujeres sabias ayudan a guiar a los practicantes de su tradición mientras están en la Tierra. Lo que muchos no se dan cuenta es que continúan sirviendo en esta capacidad incluso cuando han partido. Es como si su alma siguiera cumpliendo su vocación a pesar de que su cuerpo se haya ido hace tiempo. Tener una figura sagrada como guía espiritual no es solo un regalo sin medida, sino que es una oportunidad para acceder a todo el conocimiento que los guías pasan toda una vida descubriendo.

Cómo identificar a sus guías espirituales

Ahora que tiene una idea de los distintos tipos de guías espirituales y las formas que adoptan, el siguiente paso es descubrir al guía o guías espirituales que están tratando de ayudarle a vivir la mejor vida posible. Aquí es donde sus habilidades psíquicas demostrarán ser más útiles que nunca. El punto final es que los guías espirituales son solo eso: espíritus. Por lo tanto, no puede esperar verlos, oírlos o experimentarlos con sus sentidos físicos, al menos no al principio. En cambio, tiene que aprovechar sus sentidos psíquicos, su clarividencia y usarla para detectar a sus guías espirituales con su ojo interno, oído interno, o cualquier otro sentido interno que sea más fuerte para usted.

No es sorprendente que los sueños sean una forma ideal para detectar a sus guías espirituales. Esto se debe a que los sueños son solo internos, lo que significa que sus sentidos internos están en su nivel más alto, ya que sus sentidos físicos están literalmente dormidos. Hay dos formas en las que sus sueños pueden revelar la identidad de sus guías espirituales. Primero, intente recordar sus sueños del pasado, especialmente cuando luchaba con asuntos difíciles en el mundo despierto. ¿Soñó con que una figura religiosa viniera a ofrecerle aliento o apoyo? Tal vez un personaje de ensueño aparece regularmente, especialmente cuando está luchando más. ¿O han estado animales específicos en sus sueños, despertando sus energías fundamentales para afrontar los desafíos que se presentan? Si ha tenido tales sueños, reconózcalos como nada menos que un encuentro con su guía espiritual. No hace falta decir que escriban estos sueños inmediatamente, como si fueran el nombre y el número de teléfono de alguien que acaban de conocer.

La segunda forma en la que los sueños pueden ayudar a detectar a su guía espiritual es a través del proceso de incubación de sueños. Aquí es donde pasa el tiempo justo antes de ir a dormir diciéndose a sí mismo que tiene sueños de un tipo específico. Por ejemplo, si quisiera soñar con ser rico y famoso, meditaría en los detalles antes de dormirse, creando el ambiente del sueño para que pueda realizar sus fantasías. Este mismo proceso puede ser usado para descubrir la identidad de sus guías espirituales. En este caso, tómese el tiempo antes de dormirse para meditar en un lugar en particular, como un café o un banco del parque. Imagine que su guía espiritual se encuentra con usted allí. Puede que ya estén ahí, o puede que vengan a buscarlo. En cualquier caso, cuando se encuentres en ese banco del parque, no descarte a la primera persona que se sienta a su lado, ya que probablemente sea su guía espiritual.

La sincronicidad es otra forma común en la que los guías espirituales pueden enviar mensajes. Por lo tanto, si quiere saber quién es su guía espiritual, pida que surja un patrón en su vida despierta. Por ejemplo, si ve numerosas imágenes de ángeles a lo largo del día, incluyendo fotos, estatuas y otras formas, entonces tome eso como la respuesta. Si ve imágenes de una deidad en particular o el nombre de una deidad, entonces no lo tome como una coincidencia. Los animales también pueden presentarse, aunque no se imagine que su tótem es una ardilla si pasa el día en un parque donde hay docenas de ardillas. Lo que busca son señales fuera de lo común. Si ve imágenes de leones todo el día, entonces esa podría ser la respuesta que busca, pero no vaya al zoológico en busca de inspiración.

Si se enfrenta a un exceso de información y no sabe si está viendo un patrón o es una mera coincidencia, hay dos cosas que puede hacer para resolver la confusión. Primero, tómese un par de días de descanso y vuelva a intentarlo más tarde cuando su mente esté abierta y su corazón listo. Cuando vea que los mismos signos o imágenes se repiten, entonces tendrá su respuesta. La segunda cosa es recurrir a su intuición. Aunque los signos son físicos, el mensaje sigue siendo de naturaleza psíquica, por lo que debe sentirlo y verlo. Si el patrón resuena dentro de su alma, entonces sabe que tiene su respuesta. Sin embargo, si no siente una conexión o una buena sensación sobre lo que está observando, entonces probablemente es solo una casualidad y puede ignorarlo, buscando en otra parte a que aparezca su señal.

Cómo comunicarse con sus guías espirituales

Cuando se trata de comunicarse con sus guías espirituales, el mejor enfoque es tratarlo como si estuviera desarrollando una relación con ellos. Cuando deja de lado los detalles, como la naturaleza de sus guías espirituales o el papel que juegan en su vida, lo que le queda es la dinámica de crear una relación fuerte, cariñosa e incluso amorosa. Por lo tanto, trate el proceso de crear una relación con sus guías espirituales de la misma manera que lo haría si estuvieras creando una relación con un ser querido. El primer paso es hablar con ellos regularmente. Aunque no los oiga responder al principio, hable con ellos tanto como pueda. No se dirija a ellos solo para pedirles ayuda cuando la necesite. Hable con ellos diariamente, dígales lo feliz que está de que estén allí, pregúnteles cómo va su día. Aunque esto parezca ridículo al principio, cuanto más hable con sus guías, más fuerte será su conexión. Esto significa que los oirá mejor cuando necesite pedirles ayuda, así que no se trata solo de divertirse, sino también de desarrollar ciertas habilidades vitales.

El siguiente paso es tomarse el tiempo para escuchar. Puede elegir meditar para sintonizar con sus guías espirituales, o puede simplemente hacer una pausa después de hacer una pregunta o una declaración para escuchar el mensaje que tienen en respuesta. Esta es una buena oportunidad para descubrir cómo sus guías espirituales eligen comunicarse con usted. Si es hábil con la clariaudiencia, entonces es probable que elijan hablarle, así que debe tomarse el tiempo de sentarte en un lugar tranquilo y escuchar su voz. Por otra parte, pueden ser el tipo de espíritus que usan señales para hacer llegar su mensaje. Si, por ejemplo, quiere saber el nombre de su ángel de la guarda, entonces después de hacer la pregunta, tómese el tiempo para escuchar. Si escucha un nombre que se le ocurre, siga la corriente, aunque sea decepcionante, al principio. No todo el mundo puede tener al Arcángel Miguel como guía. El suyo, de hecho, podría ser Bob o Sue. No sea esnob y desestime el nombre esperando que sea algo mejor.

Por otra parte, si no escucha un nombre, empiece a buscar uno. Busque nombres en carteles publicitarios, anuncios de televisión, carteles de restaurantes y similares. No busque en la guía telefónica un nombre que suene bien, deje que el nombre le llegue. Ese es el punto de escuchar, después de todo. Tenga fe en que su guía espiritual es lo suficientemente capaz de hacerle llegar un mensaje si se esfuerza por tratar de escuchar lo que tienen que decir. Usar la sincronicidad es una buena manera de confirmar el nombre que escuchó en su cabeza en el caso de que tuvieras una respuesta de audio. Por ejemplo, si escuchó el nombre de Rosa, entonces tómese el tiempo de buscar la confirmación a lo largo del día. Pida señales para confirmar el mensaje. Nunca se sabe, puede que reciba un ramo de rosas de la nada, reafirmando que escuchó el nombre de su guía espiritual alto y claro. Esto puede parecer inverosímil, e incluso tonto para quien comienza, pero cualquier persona con experiencia en la comunicación con guías espirituales le dirá que a menudo les encanta usar el humor, haciéndole sonreír mientras transmiten el mensaje que necesita escuchar. De hecho, puede pensar en ello como si estuvieran mostrando sus habilidades, o recompensándolo por sus esfuerzos con algo significativo y divertido.

Este método de preguntar y escuchar es el mismo método que usará tanto si le pide a sus guías espirituales su nombre como si lo orientan en la toma de una decisión importante. Sin embargo, cuando se trata de temas que tienen una cualidad de "sí o no" para ellos, puede recurrir al instinto. No es necesario que pase el día escuchando una voz que diga sí o no, ni que busque la primera respuesta que se presente a la vista. En lugar de eso, escuche a su corazón. Aquí es donde su comunicación psíquica tiene lugar de todos modos. Por lo tanto, si alguien le ofrece un trabajo, por ejemplo, aclare su mente, pregunte a sus guías si es el movimiento correcto, y luego sienta la respuesta. Si se siente elevado, incluso eufórico, entonces es que le dicen que vaya por ello. Por otra parte, si se siente ansioso o incluso una sensación de temor, entonces gentilmente decline la oferta, sabiendo que sus guías le han evitado futuras dificultades y dolor.

Formas de desarrollar la habilidad de comunicarse con sus guías espirituales

La última cosa que querrá hacer es fortalecer su habilidad para comunicarse con sus guías espirituales. Una vez más, una de las mejores formas de lograr este objetivo es practicar todos los días, al igual que lo haría cuando intenta mejorar cualquier otra habilidad psíquica o cualquier otra habilidad en lo absoluto. Cuanto más practique, mejor le irá, es realmente así de sencillo. Por lo tanto, comience hablando y escuchando a sus guías, haciendo preguntas simples y básicas, al principio, puede ser qué forma toman y cómo desean ser llamados. Cuanto más tiempo y esfuerzo dedique a hacer las preguntas fáciles, mejor preparado estará para abordar los temas más importantes.

Lo siguiente que tiene que hacer es llevar un diario. Esta es una práctica crítica en el desarrollo de cualquier habilidad psíquica. En este caso, querrá grabar todos los mensajes que reciba. Escribir el mensaje en sí, como un nombre o una respuesta a una pregunta. Luego escriba la forma que recibió el mensaje. ¿Lo escuchó, lo vio o lo soñó? No importa cómo le llegó, escríbalo. Por último, escriba si el mensaje resultó ser cierto o no. Al principio, encontrará que muchos de los mensajes que escucha son producto de sus pensamientos e imaginación. Lleva tiempo separar las voces de sus guías de los otros pensamientos e ideas en su cabeza. Es por eso que quiere llevar un diario. Eventualmente, se desarrollará un patrón, uno que muestre el método por el cual ha tenido más éxito. Por ejemplo, si sus sueños resultan ser acertados en cada ocasión, entonces concéntrese en sus sueños como su principal fuente de comunicación. Investigue la dinámica de los sueños y haga todo lo que pueda para ser el mejor cuando se trata de crear, experimentar y recordar sus sueños. Si las respuestas que escucha son las que resultan más precisas, entonces tómese el tiempo y el esfuerzo para desarrollar la clariaudiencia. Al final, use su diario como una herramienta de aprendizaje, una que le muestre lo que funciona mejor y lo que no. También puede usar su diario para ayudar a mantener un registro de las formas de desarrollar sus habilidades una vez que haya descubierto la forma de comunicación elegida por sus guías espirituales.

Finalmente, pida ayuda. Como en cualquier relación, ambas partes necesitan estar en la misma página. Si quiere saber cómo eligen comunicarse sus guías espirituales, pregúnteles. Esta debería ser una de las primeras preguntas que haga, si no la primera. Después de todo, solo cuando sepa cómo encontrar las respuestas tendrá sentido hacer cualquier otra pregunta. Una vez que sepa la forma de comunicación que prefieren sus guías, puede preguntarles qué necesita hacer para mejorar su capacidad de comunicación con ellos. Puede que encuentre un anuncio en la televisión que le sirva de inspiración, o que un cartel publicitario tenga una frase que le llame la atención. Al final, sus guías espirituales están ahí para ayudarle a tener éxito, así que no se lo pondrán difícil. Todo lo que necesita hacer es ser paciente consigo mismo, dándose tiempo para aprender sin frustrarse por los errores que comete. Siempre mantenga una mente abierta y nunca se rinda. Desarrollar una relación con los espíritus no siempre será fácil, aunque sea su don psíquico personal. Sin embargo, las recompensas que una relación de este tipo puede proporcionarle serán ilimitadas, por lo que el tiempo y el esfuerzo serán más valiosos de lo que pueda imaginar.

Una vez que desarrolle una relación rica y significativa con sus guías espirituales, nunca más tendrá que enfrentarse a otro día solo. Y eso en sí mismo puede ser suficiente para cambiar su vida completamente, permitiéndole vivir la vida feliz, amorosa y satisfactoria que desea y merece.

Conclusión

Ahora que ha leído este libro, tiene todas las herramientas necesarias para identificar y desarrollar sus habilidades psíquicas personales. Tanto si es un sanador nato, un clarividente, o un médium capaz de canalizar los mensajes de las almas difuntas, puede empezar a perfeccionar sus habilidades para que pueda usarlas para vivir una vida de maravillas y propósitos incalculables. Además, siguiendo las instrucciones de la meditación y las prácticas generales para mejorar el bienestar mental y físico, mejorará su vida en todos los niveles. Esto ayudará a reducir su estrés, mejorar sus niveles de energía, y le proporcionará la paz mental que realmente merece. Finalmente, una vez que desarrolle la habilidad de limpiar su mente del desorden de la vida diaria, podrá acceder al mundo espiritual de maneras que nunca imaginó que fueran posibles. Ya sea viendo los acontecimientos antes de que se desarrollen, escuchando los pensamientos de un ser querido a kilómetros de distancia, o incluso hablando con guías espirituales, descubrirá habilidades y talentos que trascienden la realidad física, llevando su experiencia de vida a una dimensión completamente nueva. La mejor de las suertes para usted mientras se embarca en el viaje de exploración y desarrollo de sus habilidades psíquicas.

Your Free Gift (only available for a limited time)

Thanks for getting this book! If you want to learn more about various spirituality topics, then join Mari Silva's community and get a free guided meditation MP3 for awakening your third eye. This guided meditation mp3 is designed to open and strengthen ones third eye so you can experience a higher state of consciousness. Simply visit the link below the image to get started.

https://spiritualityspot.com/meditation

Fuentes

https://psychicelements.com/blog/psychic-abilities/

https://www.keen.com/articles/psychic/psychic-intuitive-medium-whats-the-difference

https://www.aetherius.org.nz/develop-intuition-psychic-abilities/

https://www.amazon.com/Psychic-Development-Beginners-Naturally-Intuition-ebook/dp/B00YCBT838/ref=sr_1_5?keywords=psychic+development+for+beginners&qid=1572852362&sr=8-5

https://www.psychicgurus.org/5-fun-activities-for-psychic-development/

https://intuitivesoulsblog.com/develop-your-psychic-abilities/

https://www.psychicgurus.org/psychic-meditation/

https://www.psychicperformer.com/4-spiritual-practices-that-can-improve-your-psychic-connection/

https://www.amazon.com/Discover-Your-Psychic-Type-Developing/dp/0738712787/ref=sr_1_6?crid=136JF0LCTW3AN&keywords=developing+psychic+abilities&qid=1572989803&s=books&sprefix=developing+psychic+%2Caps%2C435&sr=1-6

https://www.annasayce.com/which-is-your-strongest-intuitive-gift/

https://www.psychologytoday.com/us/blog/debunking-myths-the-mind/201804/the-biology-telepathy

https://www.psychicgurus.org/how-to-read-minds-telepathically/

https://www.oprah.com/spirit/what-is-a-medium-rebecca-rosen

https://www.amandalinettemeder.com/blog/2014/12/23/7-steps-to-improve-your-mediumship-abilities

https://www.psychicgurus.org/psychometry/

https://www.gaia.com/article/how-to-see-auras

https://www.psychicgurus.org/psychic-healing/

https://www.psychokinesispowers.com/psychic-healing-techniques

https://www.ncbi.nlm.nih.gov/pmc/articles/PMC4107996/

https://intuitivesoulsblog.com/psychic-development-tip-2-meet-spirit-guides/

https://www.erinpavlina.com/blog/2006/11/connecting-with-spirit-guides/

https://www.huffpost.com/entry/encounters-with-psychics_n_56c4c530e4b0b40245c8b5b1

https://liveanddare.com/types-of-meditation/

https://www.annasayce.com/the-forgotten-clairs-clairgustance-and-clairsalience/

https://www.huffpost.com/entry/the-habits-of-highly-intu_n_4958778

https://www.heysigmund.com/9-ways-to-tap-into-your-intuition-and-why-youll-want-to/

https://www.bustle.com/p/11-ways-to-know-if-your-intuition-is-trying-to-tell-you-something-how-to-listen-38787

https://www.poweredbyintuition.com/2013/04/28/13-examples-of-intuition-in-everyday-life-from-top-creatives/

http://beyondiam.com/examples-of-intuition/

https://consciouslifenews.com/7-easy-ways-develop-telepathic-abilities/11103458/#

https://www.headspace.com/meditation/techniques

https://forums.forteana.org/index.php?threads/smoke-billets-pictures-from-the-other-side.52237/

https://www.amandalinettemeder.com/blog/the-4-main-types-of-mediumship

https://www.psychologytoday.com/us/blog/neuronarrative/201212/study-finds-the-unexpected-in-the-brains-spirit-mediums-0

https://www.color-meanings.com/spiritual-colors-the-difference-between-auras-and-chakras/

https://aura.net/chakras-auras-work-together/

https://www.psychics4today.com/how-to-see-auras/

https://www.gaia.com/article/what-is-a-spirit-guide

https://www.speakingtree.in/allslides/the-scientific-evidence-of-human-aura

https://gostica.com/aura-science/layers-of-the-aura/#:~:targetText=Energy%20body%20(or%20aura)%20has,and%20the%20immediate%20external%20environment.&targetText=Each%20layer%20or%20level%20is%20an%20energy%20field%20varying%20in%20vibration.

Ciencia del Tercer Ojo - La psicología hoy en día

https://www.ukessays.com/essays/philosophy/the-third-eye-philosophy-essay.php

https://somuchyoga.com/what-are-chakras/

https://lonerwolf.com/how-to-open-your-third-eye/

https://yogainternational.com/article/view/what-are-the-7-chakras

https://www.chakras.info/what-is-chakra/

https://www.the-energy-healing-site.com/chakra-blockages.html

https://www.color-meanings.com/chakra-colors-the-7-chakras-and-their-meanings/

https://blog.sivanaspirit.com/sp-gn-imbalanced-chakras-remedies/

https://blog.mindvalley.com/symptoms-of-blocked-chakras/

https://naturalchakrahealing.com/elements.html

https://tantricacademy.com/history-of-the-chakras/

https://psy-minds.com/the-third-eye-2/

https://www.templepurohit.com/the-third-eye-of-lord-shiva-significance-symbolism/

https://www.mumblesandthings.com/blog/2017/4/17/how-to-tell-if-your-third-eye-chakra-is-blocked

https://www.chakras.info/third-eye-chakra/

https://www.gaia.com/article/pineal-third-eye-chakra

https://humanoriginproject.com/ways-to-heal-pineal-gland-calcification-open-the-third-eye/

https://www.tokenrock.com/explain-pineal-gland-73.html

https://www.endocrineweb.com/endocrinology/overview-pineal-gland

https://www.healthline.com/health/pineal-gland-function

https://www.chakras.info/opening-third-eye/

https://intuitivejourney.com/third-eye-opening-exercises/

https://intuitivesoulsblog.com/third-eye/

https://www.pinterest.com/moorevision/central-and-peripheral-vision/

https://innerouterpeace.com/third-eye-opening-symptoms/

https://www.headspace.com/meditation-101/what-is-meditation

https://www.meditationiseasy.com/meditation-techniques/trataka-the-meditation-technique-of-third-eye/

https://heartofsubstance.com/meditation-for-intuition/

https://www.jonathanparker.org/meditation/third-eye-meditation-open-intuition/

https://www.thedailymeditation.com/how-to-use-the-third-eye-meditation-technique

https://learnrelaxationtechniques.com/chakra-meditations-for-beginners/

https://www.the-guided-meditation-site.com/mindfulness-exercises.html

https://www.chakraboosters.com/best-third-eye-chakra-foods

https://www.naturmend.com/blog/2019/01/28/nourishing-your-third-eye-chakra/

https://www.allchakras.com/third-eye-chakra-affirmations/

https://psychicelements.com/blog/psychic-dreams/

https://www.beliefnet.com/wellness/2009/06/9-things-you-need-to-know-about-psychic-premonition.aspx

https://articles.spiritsciencecentral.com/third-eye-crystals/

http://www.chakrabalance.org/what-to-expect

https://psychiclibrary.com/aura-colors-and-meanings/

https://bodysoulmind.net/soul/your-aura

https://www.speakingtree.in/allslides/the-scientific-evidence-of-human-aura

https://www.7chakracolors.com/blog/see-aura-illustrated-exercises/

https://in5d.com/how-to-read-auras-what-is-the-meaning-of-each-color/

https://www.psychics4today.com/signs-of-clairvoyance/

https://www.psychics4today.com/how-to-develop-psychic-abilities/

https://uk.iacworld.org/how-to-exercise-your-psychic-abilities-the-iac-approach/

https://keleger.com/gods-mercy/the-third-eye-spiritual-gifts/